그림으로 읽는 잠 못들 저드르 재미있는 이야기

KB090846

임상심리학

유쿠미 에이시 감수 / 이영란 옮김

BM (주)도서출판 성안당

이 책은 뇌의 작용과 마음에 관한 다양한 문제를 소개하고 있다. 본문에서 다루겠지만, 마음에는 다양한 병이 있다. 사회가 변화함에 따라 병의 정의는 바뀔 가능성이 있다. 이 책은 현 시점에 정의되어 있는 주요한 마음의 문제에 대해 어떻게 이해하고 대처해야 좋을지 설명하고 있다. 이를 알면 자신을 좀 더 깊이 이해할 수 있고 힘든 문제를 조금이나마 가볍게 만들 수 있다.

임상 현장에서는 알게 된 사람과 오랜 시간을 함께하는 경우가 많다. 유아기 때 만났던 아이가 지금은 삼십 대, 사십 대가 되었다. 그들 대부분은 장애가 있다고 여겨진다. 분명 그들은 자신의 의사를 말로 잘 표현하지 못할 수도 있다. 그러나 그들도 겉모습이 변한 만큼 살아오면서 축적한 지식이나 지혜를 갖추고 있다고 생각한다.

사람이 태어나서 죽을 때까지 긴 시간 속에서 정신적인 문제나 병이 생기는 일은 결코 드물지 않다. 그것이 자기 자신일 수도 있고, 가족 또는 친구, 지인일 수도 있다.

이 책은 임상심리학에 대해 설명하고 있지만 다루고 있는 범위는 임상심리학의 극히 일부분이다. 좀 더 넓고 깊이 알고 싶다면 다른 책을 통해서 더 공부해 볼 것을 권장한다. 사람의 마음을 알게 되면 살아가는 것에 대한 이해가 더욱 깊어질 것이다.

사람을 이해한다, 이것이 심리사의 역할이라고 생각한다.

공인심리사·언어청각사 유쿠미 에이시(Yukumi Eishi)

4

제2장

아이가 품기 쉬운 마음의 문제

제 **1** 장

임상심리학과
공인심리사

01 전 연령대의 심리·행동상 문제를 대상으로 한다
사람의 마음을 지키기 위한
'임상심리학'

마음의 건강을 위한 학문

요즘, 아이들의 성장 과정에서 나타나는 경우가 많은 신경 발달 장애, 어른들의 스트레스가 원인이 되어 발병하는 조현병이나 우울증, 고령자들의 치매와 같이 마음의 병에 걸리는 사람이 늘고 있다. 일본 후생노동성이 2017년에 조사한 결과에 의하면 일본은 어떤 형태로든 마음의 병을 품고 사는 사람이 약 420만 명에 달한다고 한다. 일본인 약 30명 중 한 명은 마음의 병에 걸려 있는 셈이다.

'임상심리학'은 이러한 마음의 병의 원인을 찾고 마음의 회복을 지원하기 위한 전문 지식이나 기법을 배우고 관련된 연구를 하는 학문이다. 임상심리학은 태어나서 죽을 때까지 모든 연령대의 마음의 병과 그와 관련되어 일어나는 행동상의 모든 문제를 대상으로 마음의 병을 예방하고, 마음의 건강을 되찾기 위한 지원을 하고, 관계된 사람들을 지도하거나 도와주는 동시에 그 방법을 연구하는 것을 목적으로 한다.

역사적으로는 19세기 심리학의 태동기까지 거슬러 올라갈 수 있는데, 1896년 미국의 라이트너 위트머가 '임상심리학'이라는 말을 처음으로 사용하였고 같은 시기에 프로이트의 정신분석학이 등장함으로써 하나의 학문 분야로서 그 발걸음을 시작했다. 그 후 다양한 심리 요법 이론이 통합되면서 제2차 세계 대전 이후 미국에서 현재의 임상심리학의 큰 틀이 만들어졌다고 한다.

생애 주기와 심리·행동상 문제에 대한 지원

생애 주기	지원 예
태아기·영아기 (출생 전~1살 반 정도)	○친권자 변경·아이 인도 지원 ○출산 후 양육자 지원 ○주산기(周産期) 지원 등
유아기 전기 (1살 반~3살 정도)	○애착 장애 케어 ○발달 지원 ○영유아 진단 등
유아기 후기 (3~6살 정도)	○취학 상담　○소아 질환 지원 ○학대 아동 지원 ○등원 거부 지원 등
아동기 (6~12살 정도)	○커리어 교육　○집단 괴롭힘 지원 ○등교 거부 대처·적응 지도 ○아동 양호 등
사춘기·청소년기 (12~22살 정도)	○비행 문제·소년 상담 ○성 지도 ○자해 문제 대처　○학교 적응 지도 ○부모와의 관계 지원 등
성인기 (22~40살 정도)	○의존·중독 개선 지원 ○DV·학대 문제 지원 ○피해자·가해자 지원 ○보호자 지원　　○양육 지원 ○은둔형 외톨이 지원 ○커리어 지원 등
장년기 (40~65살 정도)	○간병인 지원 ○만성 신체 질환자 지원 ○정신 질환자 지원 ○사회 복귀·복직 지원 ○스트레스 체크　○성희롱 방지 ○자살 대책　　　○재난자 지원 등
노년기 (65살 정도~)	○치매 지원 ○완화 케어 등
임종기	○임종·터미널 케어 ○유족 케어 등

출처: 〈공인심리사의 활동 상황 등에 관한 조사〉 일반사단법인 일본공인심리사 협회 발췌 일부 편집

사람의 마음을 지키기 위한 '임상심리학'

진단 기준으로 사용하는 〈DSM-5〉

마음의 병은 가정 환경, 대인 관계, 유전 등 다양한 요인이 복잡하게 얽혀 일어나기 때문에 증상과 그 정도에 개인차가 있다. 이 점이 신체적 질병과 크게 다른 점으로, 애매모호한 부분이 매우 많기 때문이 진단 기준과 분류도 시대에 따라 바뀌어 왔다.

현재 진단 기준으로 사용하는 것은 미국정신의학회(APA)가 정한 〈DSM-5(정신질환의 진단 및 통계 편람)〉이다. 이것은 정신질환의 병명, 진단 기준, 진단 분류 등을 모아 놓은 것으로 '5'는 제5판을 의미한다. 제1판은 1952년에 출판되었는데 그 후 개정을 거듭하여 2013년에 출판된 〈DSM-5〉가 가장 최신판이다.

또 세계보건기구(WHO)가 작성한 〈ICD(국제 질병 분류)〉라는 것도 있는데, 정신질환 부분은 기본적으로 〈DSM〉과 연동하므로 이 책에서도 병명은 〈DSM-5〉를 기준으로 표기하겠다.

제2장에서 자세히 설명하겠지만 〈DSM-5〉에서는 종래의 병명 중 몇 가지가 변경되었다. 여러분이 많이 들어봤을 '자폐증'이나 '아스퍼거 증후군'이라는 병명이 없어지고 '자폐 스펙트럼 장애'라는 병명으로 통합되었다.

〈DSM〉은 현 시점에서 주류인 개념을 바탕으로 만들어지는 것이므로 시대와 함께 바뀌어 간다. 때문에 '4'에서 '5'로 개정되었다고 해서 반드시 더 좋아졌다는 것을 의미하지는 않는다.

또 〈DSM-5〉는 한국어판이 출판되어 있으며 인터넷상에서도 내용을 확인할 수 있지만 어디까지나 전문가가 사용하는 것이지 일반인이 진단 기준을 보고 섣불리 자가 진단해서는 안 된다는 점에 주의하기 바란다.

〈DSM-5(정신질환의 진단 및 통계 편람)〉란?

DIAGNOSTIC AND STATISTICAL
MANUAL OF
MENTAL DISORDERS

FIFTH EDITION

DSM-5

AMERICAN PSYCHIATRIC ASSOCIATION

미국정신의학회(APA)가 정한 정신질환의 세계적인 진단 기준 및 진단 분류

〈DSM-5〉의 정식 명칭은 '정신질환의 진단 및 통계 편람(Diagnostic and Statistical Manual of Mental Disorders)'으로 그 머리글자를 따서 〈DSM〉이라고 한다. 정신질환의 진단 기준과 진단 분류를 모아 놓은 것으로 기본적으로 이 책을 전 세계적인 진단 기준으로 사용하고 있기 때문에 한국에서도 이를 따른다.

ICD
(국제 질병 분류)
세계보건기구(WHO)가 작성한 국제적인 진단 기준으로, 정신질환과 관련해서는 DSM과 연동하고 있다.

DSM-5의 진단 분류 일례

1 신경 발달 장애 ·· 대분류
- 지적 장애
- 의사소통 장애
- 자폐 스펙트럼 장애
- 주의력 결핍 과잉 행동 장애 ················· 중분류
- 국한성 학습 장애
- 운동 장애
- 기타 신경 발달 장애

〈DSM-5〉에서는 정신질환을 22개의 큰 분류로 나누고 그 아래에 중분류·소분류를 설정하여 각각의 증상과 진단 기준을 설명하고 있다.

DSM의 개정으로 병명이 바뀌는 경우도 있다.

구병명		신병명
자폐성 장애 아스퍼거 증후군	➡	자폐 스펙트럼 장애

주의해야 할 점
- DSM-5는 전문가를 위한 것이므로 자가 진단에 사용해서는 안 된다.
- DSM-5에 기재된 내용이 진단 기준의 전부라고 할 수 없다.

02 심리학적 지식과 기술이 바탕이 된다
다양한 심리학을 동원하여 마음의 문제를 해결한다

다양한 심리학의 지식이 필요하다

임상심리학에서 '임상'이란 '환자를 실제로 접하고 진료나 치료를 하는 것'이라는 뜻이며, 심리학은 '과학적인 기법을 사용하여 사람 마음의 움직임이나 행동 방법을 연구하는 학문'이다. 즉 임상심리학이란 심리학의 지견을 사용하여 마음의 문제나 행동상 문제를 갖고 있는 환자를 진찰 및 치료하기 위한 학문이다. 또 심리학에는 전반적인 사람의 심리를 대상으로 하는 '기초심리학'과 개인의 심리를 대상으로 하는 '응용심리학'이 있는데 임상심리학은 후자의 분류에 속한다.

임상심리학에서는 각종 마음의 문제를 해결하기 위해 '지각·인지 심리학', '학습·언어 심리학', '감정·인격 심리학'과 같은 개인에게 초점을 맞춘 심리학부터 '사회·집단·가족 심리학', '교육·학교 심리학', '산업·조직 심리학' 등 가정, 학교, 사회와 같은 집단의 심리에 초점을 맞춘 심리학도 배우고 있다.

또 마음의 문제를 해결하기 위한 청취나 지원 방법과 같은 기법, 정신질환 지식, 인체 구조와 기능, 질병에 관한 지식도 갖춰서 마음 문제의 해결에 도움을 주려고 하고 있다.

이처럼 임상심리학은 다양한 심리학을 바탕으로 하고 있기 때문에 어떤 면에서는 개인을 대상으로 한 응용심리학의 집대성이라고도 할 수 있다.

임상심리학의 기초가 되는 심리학

임상

환자를 실제로 접하고
진료 및 치료를 하는 것

심리학

마음의 움직임이나 행동
방법을 과학적으로
연구하는 학문

상담

관찰　　　　조언

분석　　　지도

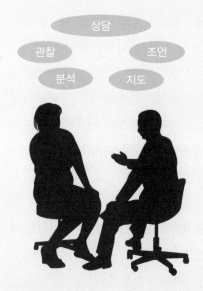

심리학적 지식과 기술을 사용하여
개인의 적응 문제를 해결하는 것이
임상심리학이다.

다양한 심리학의 기초를 바탕으로 상담, 지도, 조언과 같은 기술을 동원하여 환자를 실제로 접하고 개인의 마음의 문제를 해결하려고 하는 것이 임상심리학의 목적이다. 그 전문가가 '임상심리사', '공인심리사'(14쪽 참고)라고 불리는 사람들로, 병원을 비롯하여 다양한 곳에서 활약하고 있다.

응용심리학의 기초

○기초 심리학
○지각·인지 심리학
○학습·언어 심리학
○감정·인격 심리학
○신경·생리 심리학
○사회·집단·가족 심리학
○발달 심리학
○장애자(아) 심리학
○건강·의료 심리학
○복지 심리학
○교육·학교 심리학
○사법·범죄 심리학
○산업·조직 심리학
○심리 평가
○심리학적 지원법

인체의 구조와 기능, 질병, 정신질환과 같은 지식도 임상심리학에 필요하다

위와 같이 임상심리학의 기초가 되는 심리학은 여러 분야에 걸쳐 있다. 또 몸의 질병이 원인이 되어 마음의 문제가 일어나는 경우도 있기 때문에 인체나 질병에 관한 지식도 배울 필요가 있다.

다양한 심리학을 동원하여요 마음의 문제를 해결한다!

03 국민의 마음 건강을 지키기 위해 2017년에 탄생
일본 최초의 심리 전문 직종
국가자격 '공인심리사'

임상심리사와 공인심리사의 차이점

일본에서는 임상심리학을 배운 전문가로서 공적으로 '심리 전문 직종'으로 인정받은 사람들을 '임상심리사' 또는 '공인심리사'라고 부른다. 전자는 1988년에 인정된 민간 자격이고, 후자는 2017년에 신설된 심리 전문 직종으로서는 일본 최초의 국가 자격이라는 점이 전자와 다르다. 역사가 있어서 유명한 명칭은 임상심리사이지만, 공인심리사의 80%가 임상심리사 자격도 갖고 있으며 앞으로는 국가 자격인 공인심리사가 임상심리학을 전문으로 하는 심리 전문 직종의 표준이 될 것이기 때문에 이 책에서는 공인심리사를 임상심리학의 전문가에 대한 호칭으로 사용하겠다.＊

공인심리사는 '공인심리사법'에 의해 다양한 규정이 정해져 있어 자격을 취득하기 위해서는 필요한 과목을 이수할 수 있는 교육 기관을 졸업하는 등 수험 자격을 충족한 후 '공인심리사 시험'에 합격해야 한다. 시험에 합격하면 등록 신청을 통해 공인심리사 자격을 취득할 수 있다.

공인심리사 자격은 동법 제44조에서 공인심리사 자격을 갖고 있지 않은 사람은 '공인심리사라는 명칭을 사용해서는 안 된다', '명칭 안에 심리사라는 말을 사용해서는 안 된다'고 규정되어 있으며 위반 시 벌금형에 처하도록 규정되어 있는 '명칭 독점 자격'이다.

＊우리나라에는 일본의 공인심리사와 같은 임상심리사 국가 자격이 없으며, 국가 기관 또는 민간협회에서 관련 자격을 부여한다.

공인심리사가 되려면?

방법 A	방법 B	방법 C	
대학※ · 전문학교에서 필요한 과목을 이수	대학※ · 전문학교에서 필요한 과목을 이수	A · B의 조건과 동등한 지식 및 능력을 가진 자	공인심리사 시험을 치르려면 대학 · 전문학교에서 필요한 과목을 이수한 후 대학원에서 필수 과목을 이수하거나 특정 시설에서 2년 이상 실무 경험을 쌓아야 한다. 또 이와 동등한 지식이나 능력을 가진 자라는 규정이나 경과 조치가 되는 특례도 마련되어 있다.
▼	▼	▼	
대학원에서 필요한 과목을 이수	특정 시설에서 2년 이상 실무 경험		
▼	▼		
공인심리사 시험에 합격			
▼		▼	
공인심리사 등록 신청			
▼		▼	
공인심리사 자격 취득			

출처: 후생노동성 〈공인심리사법 개요〉, 〈수험자격 취득 방법〉에서 발췌
※단기 대학은 제외

공인심리사와 임상심리사의 차이

	공인심리사	임상심리사
자격	국가 자격	민간 자격
수험 자격	대학 졸업 + 대학원 졸업 대학 졸업 + 2년 이상의 실무 (자세한 내용은 위 표 참조)	대학 졸업 + 대학원 졸업
갱신 제도	없음	있음(5년마다)
자격자 수	3만 5,529명 (2020년 12월 말 시점)	3만 9,576명 (2022년 4월 1일 시점)

출처: 〈공인심리사의 활동 상황 등에 관한 조사〉 일반사단법인 일본공인심리사협회
〈임상심리사란〉 일본임상심리사 자격 설정 협회 웹 사이트

공인심리사의 합격률

공인심리사 시험의 합격률은 2018년 제1회가 79.6%, 제1회 추가 시험이 64.5%, 제2회가 46.4%, 제3회가 53.4%, 제4회가 58.6%, 제5회가 48.3%로 다른 국가 자격과 비교하여 배울 것이 상당히 많고 시간이 걸린다는 점에서 어려운 자격증이라 할 수 있다.

04 국민의 마음 건강 유지·증진을 꾀하는 심리 전문 직종

'공인심리사'는 임상심리학 전문가

심리 전문 직종의 이상을 지향한다

공인심리사는 '공인심리사법'에 의해 의무가 규정되어 있다. 그중 하나로 '마음의 문제를 안고 있는 사람들을 지원하기 위한 지식 및 기능 향상에 힘써야 한다'는 것이 있다. 이처럼 과학과 실천 둘 다를 익혀야 한다는 방침은 '과학자–실천자 모델(Scientist-Practitioner Model)'이라 부르는 것으로 세계 표준이 되어 있는 개념이다.

공인심리사의 과학자로서의 측면은 과학적인 연구 방법과 통계에 의한 데이터 평가 방법을 사용하여 실천 결과를 검증하는 것이다. 한편 실천자로서의 측면은 습득한 기초가 되는 심리학의 이론을 사용하여 환자를 지원하는 실무 경험을 쌓아 기능을 연마하는 것이다. 이때 검증한 실천 결과가 도움이 되게 하는 것이 중요하며 이를 반복함으로써 보다 좋은 실천 활동을 할 수 있는 이상적인 공인심리사가 될 수 있는 것이다.

또 최근에는 '생물–심리–사회 모델'이라는 개념도 중시되고 있다. 이는 마음의 병은 복수의 요인으로 일어난다는 개념을 바탕으로 하여 그 요인을 '생물학적 요인', '심리학적 요인', '사회적 요인'으로 분류하는 것이다. 환자의 상태를 이 3가지 측면에서 판단하고 치료나 지원 방법을 검토, 실천하려고 하는 개념이다. 때문에 공인심리사에게는 보다 폭넓은 지식이 요구된다.

공인심리사에게 요구되는 실천과 연구

 실천 **마음 문제의 해결 및 개선, 예방을 지원하는 실천 활동**

심리학 지식을 기초로 마음의 문제를 안고 있는 사람에 대한 도움, 예방 활동을 거듭해 필요한 기능을 연마해 가는 것이 공인심리사가 실천할 일이다.

과학자-실천자 모델

실천의 결과를 검증한다

검증의 결과가 도움이 되게 한다

 연구 **실천 활동의 효과를 검증하고 보증하기 위한 이론과 연구**

마음의 문제를 안고 있는 사람을 도와줌으로써 얻을 수 있는 사실을 객관적으로 파악하여 실천의 효과를 검증하고 과학적인 근거에 기초한 이론과 연결해 가는 것이 공인심리사에게 요구되는 연구이다.

심리
스트레스, 인지,
행동, 감정,
신념

생물
뇌, 신체,
신경, 유전,
세포

사회
가정, 조직,
문화, 행정

생물-심리-사회 모델

정신질환과 관련된 3가지 요인

1977년에 미국의 정신과 의사 조지 엥겔이 제창한 개념으로 사람을 생물적 측면, 심리적 측면, 사회적 측면에서 파악하여 신체나 마음의 문제의 요인을 이 3가지 측면에서 검토하고 적절한 치료와 지원 방법을 실천하고자 하는 것이다.

공인심리사는 임상심리학 전문가

심리 평가·심리 상담·심리 컨설팅·마음 건강 교육
공인심리사에게 요구되는 4가지 업무

환자가 아니라 클라이언트

공인심리사에게는 '공인심리사법' 제2조에 의해 4가지 의무가 규정되어 있다. 제2조를 요약하면 다음과 같다. '심리 지원이 필요한 사람의 심리 상태를 관찰하고 그 결과를 분석한다', '심리 지원이 필요한 사람의 상담에 응해 조언, 지도, 기타 원조를 한다', '심리 지원이 필요한 사람의 관계자의 상담에 응해 조언, 지도, 기타 원조를 한다', '마음 건강에 관한 지식을 보급하기 위한 교육 및 정보를 제공한다'.

'심리 지원이 필요한 사람'이란 심리와 관련된 지원을 필요로 하는 사람, 즉 마음의 병을 안고 있는 사람을 가리키는데 심리 전문 직종의 전문가는 이를 '클라이언트(고객)'라 부른다. 환자가 아니라 클라이언트라고 부르는 이유는 클라이언트에는 '자발적으로 지원을 받는 사람'이라는 의미가 있어서 클라이언트의 자주성을 존중하고 공감함과 동시에 같이 걸어가면서 마음의 문제를 해결해 간다는 사고를 바탕으로 하기 때문이다.

4가지 의무 이야기로 되돌아가서, 첫 번째 의무인 클라이언트의 심리 상태를 관찰하고 그 결과를 분석하는 것을 '심리 평가'라고 부른다. 공인심리사는 면접이나 관찰, 발달 검사, 인지 검사 등과 같은 심리 검사를 통해 클라이언트를 다양한 관점에서 파악하고 인격이나 처한 상황, 예상되는 요인과 같은 정보를 수집, 분석하며, 그 결과를 사용하여 클라이언트가 안고 있는 문제를 해결해야 한다. 이것이 심리 요법

공인심리사법에서 정한 공인심리사의 업무

'공인심리사'란 제28조(공인심리사 등록부)의 등록을 받아 공인심리사 명칭을 사용하여 보건 의료, 복지, 교육, 기타 분야에 있어 심리학과 관련된 전문 지식 및 기술을 가지고 다음에 열거한 행위를 하는 것을 업으로 삼는 자를 말한다.

① 심리와 관련된 지원을 요하는 자의 심리 상태를 관찰하고 그 결과를 분석할 것(심리 평가)

② 심리와 관련된 지원을 요하는 자에 대해 그 심리에 관한 상담을 하고 조언, 지도, 기타의 원조를 할 것(심리 상담)

③ 심리와 관련된 지원을 요하는 자의 관계자에 대해 상담을 하고 조언, 지도, 기타의 원조를 할 것(심리 컨설팅)

④ 마음의 건강과 관련된 지식을 보급하기 위한 교육 및 정보를 제공할 것(마음의 건강 교육)

출처: 일본 〈공인심리사법〉 제2조 발췌 일부 편집

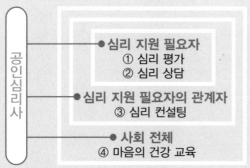

국민의 심리 건강을 지키는 공인심리사

심리 전문 직종의 국가 자격인 공인심리사는 클라이언트의 심리 평가와 심리 상담뿐만 아니라 클라이언트 관계자나 소속된 조직, 지역에 대해서도 심리적인 지원 및 조언을 하고 넓게는 국민의 심리 건강을 지키는 일이 요구된다.

'공인심리사', '심리사'라는 명칭은 자격 소유자만 쓸 수 있는 '명칭 독점 자격'

일본에서 공인심리사와 심리사라는 명칭은 공인심리사 자격을 갖고 있는 사람만 쓸 수 있는 '명칭 독점 자격'이다. 단, '심리사'의 경우는 이미 임상심리사라는 자격이 있기도 해서 공인심리사 이외의 심리 전문 직종에도 사용할 수 있다.

공인심리사에게 요구되는 4가지 업무

을 하기 위한 토대가 되어 그 후의 개입 방침이 정해진다.

두 번째 의무인 클라이언트의 상담에 응해 조언, 지도, 기타 원조를 하는 것은 '심리 상담'이나 '카운슬링'이라 부른다. 공인심리사는 클라이언트가 마음에 걸려 하는 것이나 힘들어 하는 것, 고민하고 있는 것을 잘 듣고 상담에 응해 필요에 따라 적절한 심리 요법이나 다양한 심리적 개입을 행한다.

당사자 이외의 마음 케어도 실시

세 번째 의무인 클라이언트의 관계자 상담에 응해 조언, 지도, 기타 원조를 하는 것은 '심리 컨설팅'이라 부른다. 심리 평가나 심리 상담과는 달리 클라이언트 본인이 아니라 주위 관계자에 대해 행한다. 클라이언트 대처 방법과 같이 곤란한 일이나 고민되는 일 등에 관해 상담하여 필요에 따라 조언하거나 지도한다. 예를 들어 클라이언트의 가족, 학교나 회사 관계자에게 클라이언트를 어떻게 대해야 하는지 그 대응 방법에 대해 조언하는 것이다.

마지막 네 번째 의무인 마음 건강과 관련된 지식을 보급하기 위한 교육 및 정보를 제공하는 것은 '마음 건강 교육'이라 부른다. 예를 들어 학교나 직장에서 마음 건강과 관련된 강습회를 여는 등의 활동을 한다.

본래 공인심리사는 '공인심리사법' 제1조에서 '공인심리사의 자격을 규정하고 그 업무의 적정성을 꾀하여 국민의 마음 건강 유지 증진에 더욱 기여할 것을 목적으로 한다'고 되어 있으므로 이러한 사회 전체에 대해 마음의 건강(정신 건강)을 유지하기 위한 활동이 요구된다.

공인심리사의 4가지 업무

① 심리 평가

클라이언트의 심리 상태 관찰과 분석

심리 평가는 클라이언트와 관련된 필요한 정보를 모으고 구체적인 심리 원조 방법을 설정하는 것이 목적이다. 정보 수집 방법은 관찰법·면접법·심리 검사·조사법 등이 있으며 공인심리사의 전문 지식과 기능이 요구된다.

② 심리 상담

클라이언트의 심리와 관련된 상담, 조언, 지도

심리 상담은 소위 말하는 카운슬링이다. 공인심리사가 클라이언트의 고민과 고통을 듣고 클라이언트 자신이 기분이나 생각을 정리할 수 있도록 지원하며 상황에 따라서는 심리 전문가로서 조언이나 도움을 주는 심리 요법을 행한다.

③ 심리 컨설팅

클라이언트의 관계자에 대한 상담, 조언, 지도

심리 컨설팅은 클라이언트의 관계자나 주변 사람들에 대해 심리 상담을 하는 것을 말한다. 클라이언트의 행동에 곤란해 하거나 고민하는 관계자의 이야기를 듣고 적절한 조언이나 원조를 하여 문제를 해결하는 데 도움을 준다.

④ 마음 건강 교육

사회 전체에 심리 건강과 관련된 교육과 정보를 제공

마음 건강 교육은 회사나 학교와 같은 조직, 자치 단체 등에서 이른바 정신 건강과 관련된 강습회를 여는 등 국민에게 마음 건강 교육과 정보를 제공하는 것을 말한다. 이 업무는 공인심리사라는 자격이 만들어진 이유 중 하나이다.

공인심리사에게 요구되는 4가지 업무

06 마음의 병을 치료하는 또 다른 전문 직종
정신과 의사와 뭐가 다를까?

가장 큰 차이는 진단과 약물 치료

마음의 병의 전문가라고 하면 정신과 의사를 떠올리는 경우가 많을 것이다. 그렇다면 공인심리사와 정신과 의사의 차이점은 무엇일까?

정신과 의사는 국가 자격인 '의사 면허'를 취득한 의사로, '정신의학'에 대한 전문 지식을 갖고 있으며 마음의 병을 안고 있는 사람의 진찰, 병명의 진단, 약물 치료, 처방전 발행과 같은 '의료 행위'를 할 수 있다.

반면 공인심리사는 지금까지 설명해 왔듯이 임상심리학을 기초로 한 '심리 요법'을 사용하여 마음의 병을 안고 있는 사람의 심리 평가나 심리 상담을 통해 마음 건강의 회복을 지원하는 것이 주된 역할이다. 진단에 의한 병명의 결정이나 약물 치료 등은 할 수 없다는 점이 정신과 의사와 근본적으로 다른 점이다.

또 일본의 경우 마음의 문제를 다루는 진료과로는 '정신과'와 '심료내과(心療內科)'가 있다. 둘 다 마음의 병을 전문으로 하고 있지만 정신과가 대상으로 하는 것은 우울증, 조현병과 같은 마음의 병인 반면 심료내과는 스트레스나 심리적 영향으로 인해 두통이나 복통과 같은 다양한 신체 증상이 나타나는 '심신증'을 다룬다.

그러므로 심리적 증상이 힘든 경우는 '정신과'에서, 신체 증상이 힘든 경우는 '심료내과'에서 진찰받는 것이 좋다.(역주: 심료내과는 일본에만 있는 진료과이다.)

정신과 의사와 공인심리사의 차이

정신과 의사는 '의학'이 기본
공인심리사는 '심리학'이 기본

정신과 의사는 과학적인 근거에 기초한 정신의학을 배우고 국가 자격인 의사 면허를 소지하고 있다. 공인심리사는 다양한 심리학을 배우고 공인심리사 시험에 합격하여 명부에 등록되어 있다.

	정신과 의사	공인심리사
소속 자격	의사 면허	공인심리사※
전문	정신의학	심리학
치료	의료 행위	심리 요법
가능한 일	진찰 진단 약물 치료 처방	심리 평가 심리 상담

※'공인심리사 등록부'에 등록이 필요함

병명의 진단이나 약물 치료는 정신과 의사만 할 수 있다

마음의 병에 대해 병명의 진단이나 약물 치료와 같은 의료 행위는 의사 면허를 소지한 정신과 의사만이 할 수 있다. 공인심리사는 병명을 진단하거나 약물 치료를 할 수 없다.

일본의 정신과와 심료내과의 차이

정신과

'정신질환'의 치료가 주 대상

정신과는 조현병이나 우울증, 양극성 장애, 아이들의 발달 장애나 고령자의 치매 등과 같은 마음의 병이나 문제가 주요 대상이 되는 진료 과목이다.

심료내과

'심신증'의 치료가 주 대상

심료내과는 스트레스나 심리적 요인으로 두통이나 복통, 구역질, 숨참과 같은 어떤 신체적 증상들이 일어나는 '심신증'이 주요 대상이 되는 진료 과목이다.

정신과 의사와 뭐가 다를까?

07 여러 분야에서 마음의 케어를 담당한다
공인심리사는 병원뿐만 아니라
학교나 기업에서도 활약한다

활약이 기대되는 5개 분야

공인심리사의 주요 활동 분야는 '의료·보건', '교육', '산업·노동', '사법·범죄', '복지'로, 의료 현장뿐만 아니라 다양한 곳에서 활약한다.

의료·보건 분야에서는 병원 또는 진료소, 클리닉의 정신과·심료내과 등에서 클라이언트에 대한 심리 평가, 심리 검사, 심리 상담과 같은 심리 요법을 실시한다. 그 밖에 암 환자의 심리 케어, 정신 보건 복지 센터나 재활 센터 등에서의 주야간 돌봄, 직원 심리 컨설팅, 보건 센터에서의 영유아 건강 검진, 발달 상담 등에도 관여하고 있다.

교육 분야에서는 학교 카운슬러로 초중고 학생의 다양한 상담에 응하여 조언하는 등 심리적 지원을 한다. 또 학교 활동의 일환으로 가족이나 교직원에 대한 심리 상담과 컨설팅, 연수, 강습회 등도 실시한다.

산업·노동 분야에서는 기업 내 상담실이나 기업 내 건강 관리 센터 등의 카운슬러로서 종업원의 스트레스나 대인 관계 등 다양한 상담에 응하는 한편 직장에 대한 심리 컨설팅, 연수나 강습회 등과 같은 심리 교육도 한다. 공공 직업 안정소(역주: '헬로워크'로 불림, 한국의 고용 센터에 해당)나 장애인 직업 센터 등에서는 취업이나 직장에 대한 불안, 직업 적성 불안 등에 대해 심리적 도움을 준다.

사법·범죄 분야에서는 가정 법원 조사관이나 법무교관, 법무기술관 등으로 공인심리사가 채용되는 경우가 있어 비행 청소년의 교육이

공인심리사가 활동하는 분야

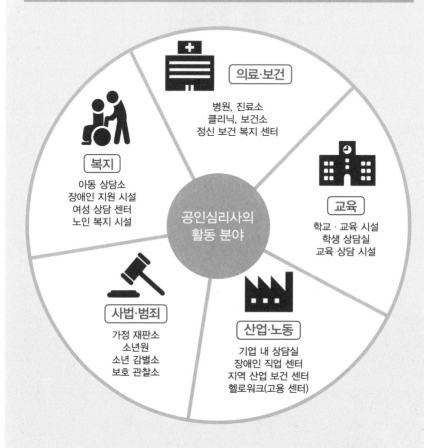

공인심리사의
활동 분야

의료·보건
병원, 진료소
클리닉, 보건소
정신 보건 복지 센터

복지
아동 상담소
장애인 지원 시설
여성 상담 센터
노인 복지 시설

교육
학교 · 교육 시설
학생 상담실
교육 상담 시설

사법·범죄
가정 재판소
소년원
소년 감별소
보호 관찰소

산업·노동
기업 내 상담실
장애인 직업 센터
지역 산업 보건 센터
헬로워크(고용 센터)

공인심리사는 의료나 복지 분야뿐만 아니라 기업이나 교육, 사법 분야에서도 활약한다.

'공인심리사법' 제2조에 공인심리사는 '보건 의료, 복지, 교육, 기타 분야'에서 활동하도록 되어 있다. 이것이 위 5개 분야로, 다양한 분야에서 마음의 문제를 안고 있는 사람들에게 심리학에 기초한 심리적 지원을 하고 있다.

공인심리사는 병원뿐만 아니라 학교나 기업에서도 활약한다

나 심리 케어, 범죄자의 재범 방지나 교정을 위한 심리 면접, 범죄 피해를 당한 사람의 심리 케어 등을 한다. 그 외에 경찰서의 소년과나 소년 상담 창구 등에서 공인심리사가 아이들의 심리 케어를 담당하는 경우도 있다.

복지 분야에서는 아동 상담소나 상담실에서 괴롭힘이나 교우 관계로 고민하는 아동과 학생의 상담이나 양육, 발달, 비행과 같은 자녀에 관한 고민을 안고 있는 부모를 상담하고 심리적 도움을 준다.

그 외에 장애자 지원 시설이나 노인 복지 시설 등에서 다양한 고민이나 고통을 안고 있는 사람에게 심리적 측면에서 도움을 주고 있다.

여러 직종과 연계하여 보다 나은 케어를 실현한다

공인심리사는 5개 분야에서 업무를 수행하기 위해 심리 전문 직종 외 다른 직종의 사람들과 협력할 필요가 있다. 공인심리사가 단독으로 심리적 지원을 하는 경우도 있지만 기본적으로는 다양한 직종의 사람들과 연계하여 서로 협력하면서 클라이언트의 문제에 대처한다. 이는 '공인심리사법' 제42조에서 의무로 규정되어 있는데 클라이언트가 안고 있는 문제에는 다양한 요인이 복합적으로 얽혀 있기 때문에 다양한 분야의 전문 지식이 필요하다는 개념으로 '다직종 연계'라고 부르고 있다.

예를 들어 의료 현장에서는 의사나 간호사, 사회 복지사, 정신 보건 복지사 등과 연계하여 환자의 치료에 임한다. 각자가 전문 분야의 지식, 기능을 동원하여 서로 연계, 보완함으로써 보다 나은 의료를 제공할 수 있다.

공인심리사와 다직종 연계

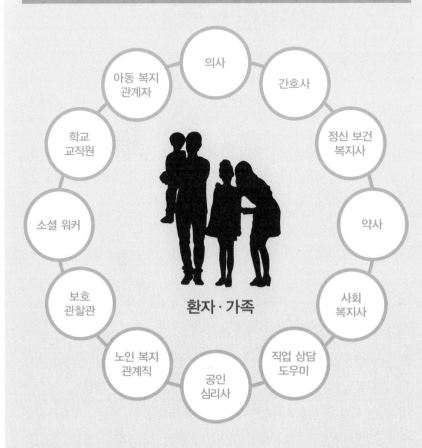

- 의사
- 간호사
- 아동 복지 관계자
- 정신 보건 복지사
- 학교 교직원
- 약사
- 소셜 워커
- 사회 복지사
- 보호 관찰관
- 직업 상담 도우미
- 노인 복지 관계직
- 공인 심리사

환자 · 가족

**의사, 간호사, 교사, 사회 복지사 등
여러 직종과 팀을 이루어 활동한다.**

'공인심리사법' 제42조에 의거하여 공인심리사는 다른 직종과 연계하여 업무에 임할 것이 의무화되어 있다. 이것은 다직종 연계라는 개념으로. 의료 현장에서는 의료팀의 일원으로. 교육 현장에서는 교육팀의 일원으로 활동이 요구된다.

공인심리사는 병원뿐만 아니라 학교나 기업에서도 활약한다

08 전문가의 진단·치료가 회복으로 가는 지름길
마음의 병을 일반인이 함부로
판단해서는 안 된다!

전문가도 어려운 마음의 병 진단

사람은 누구나 크고 작은 다양한 고민과 스트레스를 안고 있다. 그것이 원인이 되어 기분이 우울해지거나 짜증이 나거나 쉽게 화가 날 수 있지만 이를 마음의 병이라고 판단하는 것은 성급하다.

왜냐하면 마음의 병은 전문가도 진단이 어렵기 때문이다. 예를 들어 신체의 병이라면 과학적인 근거에 기초한 진찰과 검사로 병을 특정하고 약물 치료나 수술과 같은 방법으로 적절한 치료를 할 수 있다.

하지만 마음의 병은 그런 과학적인 근거에 기초한 진찰과 검사가 어렵기 때문에 환자가 호소하는 증상이나 심리 평가 등으로 얻은 정보, 심리 검사와 같은 경험이나 통계에 기초한 진단밖에 할 수 없다. 또한 마음의 병은 증상은 같아도 원인이 다양하다. 예를 들어 '기분이 우울하다'는 증상이 있는 경우 가능성 있는 마음의 병은 우울증, 양극성 장애, 조현병 등 여러 가지가 된다. 게다가 마음의 병은 여러 증상이 중복되거나 시간이 경과하면 증상이 바뀌는 경우가 있으며, 증상과 그 경중도 개인차가 커서 전문가도 정확한 진단에 시간이 걸린다. 또 그 진단이 정말 맞는지 아닌지 판단도 어렵다. 때문에 마음의 병은 일반인이 판단할 수 있는 일이 아니다.

마음의 병 진단이 어려운 이유

신체의 병은 '과학적 근거'에 기초하여 진단 ·················

| 증상 | 진찰 · 검사 | 진단 · 치료 |

신체의 병은 과학적인 근거가 있는 의학에 기초한 문진, 촉진, 혈액 검사, X선 검사, CT 검사 등의 결과로부터 객관적인 사실을 축적하여 어떤 병인지 진단할 수 있다. 때문에 거의 정확한 진단을 내릴 수 있다.

마음의 병은 '증상'에 기초하여 진단 ·················

| 증상 | 면접 · 검사 | 진단 · 치료 |

마음의 병은 클라이언트가 호소하는 증상, 문진이나 면접, 심리 검사 등으로 얻은 정보를 축적해 병명을 진단한다. 증상을 호소하는 방법, 표현 방법에는 개인차가 있으며 판단도 통계 데이터나 경험에 어느 정도 의존하기 때문에 진단이 어렵다.

일반인이 함부로 판단하지 말고 전문가에게 상담을!

　　요즘은 인터넷으로 각종 정보를 쉽게 찾아볼 수 있고, 마음의 병에 관한 정보도 범람하고 있다. 때문에 자신의 증상을 검색하여 함부로 자가 진단하는 경우가 많다.

　인터넷상에는 자가 체크 방식으로 나에게 마음의 문제가 있는지 없는지 간편하게 확인할 수 있는 사이트가 있다. 하지만 그런 자가 체크는 대표적인 증상에 들어맞는지 아닌지만 체크할 뿐이므로 참고는 되겠지만 그것으로 병명을 확정할 수는 없다.

　예를 들어 피로나 스트레스, 대인 관계 고민으로 기분이 좀 우울한 경우는 누구에게나 있을 것이다. 그럴 때 '우울증' 자가 체크를 하면 해당하는 것이 많기 때문에 제멋대로 '나는 우울증이구나…'라고 잘못 자가 진단하고, 쓸데없는 불안으로 인해 더 우울해지거나 '병이니까 어쩔 수 없다'고 마음대로 생각해 버리게 된다.

　반대로, 자가 체크에 해당하지 않아도 마음의 병이 있을 가능성도 충분히 생각할 수 있다. 그래서 적절한 치료를 받을 타이밍을 놓치고 병을 방치해서 증상이 심해질 가능성도 있다.

　또 SNS 등에 올린 다른 사람의 언동을 보고 '당신은 조현병이다'와 같이 마음대로 단정해 버리는 경우도 많이 본다. 다시 말하지만 일반인이 병명을 정확히 진단할 수 없다. 그들은 단순한 가정을 그렇게 단정해 버리는 것이다. 하지만 그 말을 들은 사람은 어떻게 느낄까? '내가 조현병인가…'라고 고민할 가능성도 적잖이 있으므로 매우 무책임하고 악질적인 행동이라고 하지 않을 수 없다.

　만일 '내게 마음의 병이 있나?'라고 느낄 때는 공인심리사, 정신과, 심료내과에서 상담받고 전문가의 판단을 구하기 바란다.

일반인이 마음의 병을 판단하는 것은 위험하다

증상은 같아도
원인은 여러 가지

조현병

갑상선
기능 저하증

양극성
장애

갱년기
장애

우울증

치매
초기 증상

기분이 우울하다

증상으로 병명을 진단할 수 있는 것은 정신과 의사뿐이다.

마음의 병은 증상으로 진단하지만 비슷한 증상을 일으키는 병의 종류가 많을 뿐더러 증상이 바뀌거나 증상이 합쳐지는 경우도 드물지 않아 병명을 특정하는 것은 지극히 어려운 작업이다.

증상이 바뀌면 병명도 바뀐다.

우울증 → 양극성
장애

증상이 합쳐지면 판단이 곤란하다.

우울증   치매

자가체크는 '참고'는 되지만 '진단'은 할 수 없다 ·············

· 쓸데없는 불안
· 병명 착각
· 치료 지연
· 안일한 도피처

인터넷에 있는 '마음의 병 자가 체크'는 참고는 되지만 병명을 진단할 수는 없다. 불안이나 착각을 유발하기 때문에 뭔가 마음에 걸리는 것이 있다면 전문가에게 상담받는 것이 가장 좋다.

마음의 병을 일반인이 함부로 판단해서는 안 된다!

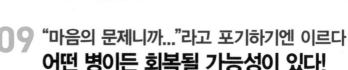

09 "마음의 문제니까…"라고 포기하기엔 이르다
어떤 병이든 회복될 가능성이 있다!

이상하다고 생각된다면 빠른 진료를!!

일본 후생노동성의 '환자 조사'에 의하면 일본에서 마음의 병에 걸린 사람은 약 420만 명으로 집계된다고 한다. 이것은 진료를 받은 사람을 대상으로 조사한 것으로 자신이 마음의 병이라고 전혀 생각 못하는 사람들이나 '뭔가 이상하다…'고 의심하고 있어도 진료를 받지 않은 사람들도 분명히 있기 때문에 실제는 이보다 더 많을 것으로 추정된다.

앞에서 설명했듯이 마음의 병은 종류와 증상이 다양하고 원인을 분명히 알기 어려운 것도 많다는 특징이 있다. 이것이 신체의 병과 크게 다른 점이다. 더욱이, 유감스럽게도 마음의 병에 대한 편견이 사회 곳곳에 깊게 뿌리 내리고 있기 때문에 정신과나 심료내과에 가는 것에 거부감이 있는 사람도 적지 않을 것이다.

만일 진료 결과 정신질환으로 진단받은 경우 진단명을 주변에 알리고 생활하는 것은 학교나 사회의 이해를 얻기도 힘들고 편견 어린 시선을 받을 가능성도 없지 않다.

하지만 자신의 병을 확실히 알면 적절한 치료를 받을 수 있고 생활 습관이나 환경을 개선할 수 있다. 또 병명을 명확히 진단받음으로써 공적인 지원이나 직장의 배려를 부탁할 때도 도움이 된다. 그러므로 마음의 문제를 느꼈다면 공인심리사와 같은 심리 전문 직종이나 정신 보건 복지 센터 등과 같은 기관에 상담해 보는 것도 좋을 것이다. 마음의 병에는 우울증과 같이 방치하면 악화되는 정신질환이 상당히 많

마음의 병은 누구나 걸릴 가능성이 있다

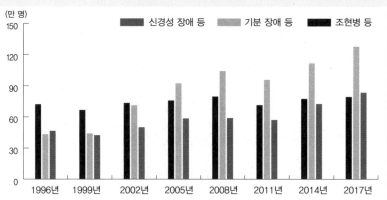

(만 명)

■ 신경성 장애 등　■ 기분 장애 등　■ 조현병 등

출처: 후생노동성 정책통괄관부 참사관부 보건통계실 〈환자 조사〉
(주) 1. 환자 수(총 환자 수)는 조사일 현재 계속 치료받고 있는 사람
　　(조사일에는 의료 시설에서 치료받지 않은 사람도 포함)
　　총 환자 수=입원 환자 수+초진 외래 환자 수+(재래 외래 환자 수x평균 진료 간격x조정 계수(6/7))
　　2. 2011년의 수치는 미아기현 이시노마키 의료권, 게센누마 의료권 및 후쿠시마현을 제외한 수치임

마음의 병은 약 420만 명(약 30명 중 1명)

일본에서 어떤 형태로든 마음의 병에 걸려 있는 사람은 약 420만 명으로, 가장 많은 것은 우울증 등이 포함되어 있는 기분 장애이다. 결코 이상한 병이 아니라 누구나 걸릴 가능성이 있는 보통의 병이다.

적절한 치료로 마음의 병은 회복된다

마음의 병은 한번 걸리면 절대 낫지 않는 병이 아니다. 신체의 병처럼 증상의 중증도나 회복 정도를 잴 수는 없지만 신체의 병과 똑같이 적절한 치료를 하면 회복된다.

마음의 병으로 진단받아도 비관할 필요는 없다

당황하지 말고, 조급해 하지 말고, 긍정적으로 치료하면 회복된다

마음의 병은 공인심리사와 같은 심리 전문 직종을 통한 상담, 정신과 의사를 통한 치료, 주위의 협력과 당사자의 노력에 따라 회복할 수 있는 병이다. 비관할 필요가 없으며 초조해 하지 말고 긍정적으로 생각하고 제대로 치료받기 바란다.

어떤 병이든 회복될 가능성이 있다!

고 악화되면 될수록 치료에도 시간이 걸린다. 빨리 대처하면 할수록 경제적 부담은 물론 시간적 부담도 적어지므로 마음의 문제를 느꼈다면 빨리 상담받는 것이 올바른 선택이 될 것이다.

마음의 병은 개성이나 특성 중 하나이다

정신질환으로 진단받으면 병명과 상관없이 대부분 충격을 받겠지만 비관할 필요는 없다. 정신질환은 결코 불치병 같은 것이 아니라 적절한 치료와 심리 요법, 상담 등으로 회복할 가능성이 있는 병이다. 자신의 개성이나 특성 중 하나라고 긍정적으로 받아들이자.

이것은 자신의 아이가 '발달 장애'라는 정신질환으로 진단받은 경우도 마찬가지이다. 결코 비관하지 말고 먼저 아이를 이해할 것을 권장한다.

정신과 의사에게 '어떤 병인지?', '치료 기간은 얼마나 되는지?', '치료 방침', '약의 효과' 등을 제대로 물어보자. 특히 스스로 판단할 수 없는 아이인 경우는 부모가 판단해야 하기 때문에 매우 중요하다. 설명을 잘 듣고 자신이 어떻게 병과 마주할지 자신의 의사로 판단해야 한다.

만일 진단명을 납득할 수 없을 때는 2차 소견을 선택할 수도 있다. 앞에서 말했듯이 정신질환의 진단은 매우 어렵고 모호한 부분이 있으며 시간이 경과하면 진단명이 바뀌는 경우도 있다. 증상이 비슷한 정신질환이 많고 증상이 합병되면 더욱 진단이 어려워지므로 진단을 납득할 수 없는 경우는 다른 정신과 의사의 의견을 들어보는 것도 중요하다.

최종 판단은 자신의 의사로

병명이나 치료 방침에 대해 제대로 설명을 듣고 스스로 납득하는 것이 중요하다.

정신과에서 진찰받을 때 의문스러운 점이 있다면 반드시 질문을 하기 바란다. 특히 병명과 그 진단 이유, 치료 방침, 치료 기간, 약의 효과에 대해서는 회사나 가족에게도 설명할 필요가 있으며, 치료 스케줄이나 진척 상황을 이해해 두면 저절로 긍정적인 기분이 들 것이다.

병명

치료 기간

치료 방침

약의 효과

소개장

설명이 납득되지 않으면 2차 소견을 선택

정신과 의사의 설명에 납득이 가지 않는 부분이 있을 때는 소개장을 써 달라고 해서 다른 의료기관의 정신과 의사에게 제2의 의견을 구하는 '2차 소견(second opinion)'을 선택하는 것이 좋다.

스스로 판단할 수 없는 아이의 경우는 부모가 제대로 판단한다.

아이가 정신질환으로 진단받은 경우는 부모가 책임지고 판단할 필요가 있다. '정말 장애인지?', '그저 다른 아이보다 성장이 느린 것일 뿐인지?'와 같은 것을 잘 생각해야 한다. 가족이 판단할 수 없을 때는 아동 복지 시설이나 공인심리사 등에게 상담하여 조언을 구하는 것도 중요하다.

장애인지 아닌지 구별하는 것이 중요

학습 장애

공부를 못한다

❝ ADHD로 진단받은 아이의 마음 ❞

편지에 쓰여 있던 것

한 초등학교 여자아이로부터 한 통의 편지가 도착했다. 읽어 보니 그 아이는 주위 사람들에게 "너는 ADHD야."라는 말을 들은 것 같았다.

그 아이는 자신이 ADHD라는 말을 듣고 당황스러워 하였다. 들어본 적도 없는 병으로 규정되어 앞으로 자신에게 어떤 일이 일어날지 어떻게 살아가야 할지 모르니 불안한 것은 당연하다. 병이라고 해도 열이 나거나 움직임이 자유롭지 못한, 이른바 '신체 증상'이 없다. 본인은 크게 곤란하지 않은 듯하였다. 그럼에도 불구하고 주위 사람들이 '주의가 산만하다' 등 뭔가 곤란함을 느끼고 분명한 ADHD라고 해 버린 것이다.

갑작스러운 선고에 당황하는 아이들

편지에는 글이 제대로 쓰여 있었다. 글자의 균형도 잘 잡혀 있고 '과잉 행동'과 같은 인상도 없었다. 물론 이것만으로는 알 수 없다. 그 아이가 무엇에 어려움을 느끼는지 들어볼 필요가 있다.

우연히도 자신이 ADHD일지도 모른다고 말한 지인이 있었다. 그래서 그에게 아이의 상담 상대가 되어 달라고 부탁했고 아이에게 여러 가지를 물어보았다. 아이는 ADHD인 아이가 앞으로 어떻게 되는지를 알고 싶은 것 같았다. 당연한 것이었다. 그 아이가 ADHD가 아닐지도 모르지만 그렇게 상담받는 것은 자신을 알아 가는 것으로 이어진다.

아이들에게 어느 날 "너는 ADHD야."라고 하는 것은 너무나 갑작스러운 선고이다. 특히 들어본 적이 없는 병명이니 더욱 그렇다. 이해할 수 없어 당황하는 것은 당연하다. 갑자기 날아온 공에 맞으면 놀라는 것과 똑같은 이치이다. 중요한 것은 혼란스러워 해도 설명해서 이해시키는 것이다. 또한 그것이 어떤 일을 초래하는지에 대해서도 전달할 필요가 있다.

어떻게 될지는 아무도 모른다

ADHD 아이들이 성장하면서 어떻게 되는지는 분명히 밝혀져 있지 않다. 의학적 진단의 경우 어떤 시점의 상태에 대하여 진단명이 붙는다. 하지만 발달기에 있는 아이들이 어떻게 바뀌어 갈지는 결코 명확하지 않다.

아이들의 성장기에는 여러 사건이 일어난다. 사람과의 만남이 일생을 바꾸는 일도 적지 않다. 아이들에게 이른 시기에 자신에 대해 잘못된 생각을 품게 하는 것은 문제로 느껴진다.

편지의 아이에게도 여러 가지 꿈이 생기고 그것을 실현해 가는 길이 있을 터이다. 그 아이에게는 커다란 가능성이 있다. 그런 인생이 기다리고 있으니 결코 스스로 틀에 얽매이지 않기를 바란다.

앞으로의 편지에 어떤 내용이 전개될지 기대된다.

ADHD로 진단받은 아이의 마음

가족이 지켜본 '발달 장애'

한 발달 장애 아동 가족의 실제 경험담을 소개한다. 아래쪽에 공인심리사의 조언을 함께 실었다.

갑자기 진단받은 '발달 장애'

우리 아들이 발달 장애라고 알게 된 것은 아들이 1살 반 무렵이었다. 계기는 영유아 검진을 받던 중 보건사가 "귀가 안 들리는 거 아닐까요?"라고 한 말이었다. 그러고 보니 누나는 생후 9개월 정도부터 말을 하기 시작했던 것과 비교했을 때 '좀 느린가?'라고 생각했었는데 그때는 그다지 신경을 쓰지 않았었다. 하지만 같은 연령의 아이들이 말하는 모습을 보다 보니 은근히 불안해져서 근처 이비인후과에서 상담을 하였고, 큰 병원을 소개받아 검사를 하게 되었다. 거기서 청각을 비롯해 뇌파 등 종합적으로 여러 가지 검사를 한 결과 귀와 뇌에는 이상이 없다는 진단을 받았다. 그리고 그곳 소아심리과를 통해 병명을 알게 되었다.

솔직히 '발달 장애의 가능성이 있다'고 진단받았을 때는 청천벽력과 같이 느껴졌다. 왜냐하면 발달 장애라는 것이 어떤 것인지도, 치료 방법에 대해서도 잘 몰랐기 때문이었다. 하지만 그때 진료를 봐준 의사로부터 "이렇게 어린 나이에 진단할 수 있는 것은 드문 일입니다. 부모님이 아기를 잘 살펴보고 있었기 때문에요."라는 말을 들었을 때는 구원을 받은 느낌이었다. 의사가 또한 "'발달 장애가 아닐까?'라고 느끼는 것은 초등학교 입학 전 검진이나 학교 생활이 시작되고 나서가 보통이고(※1) 개중에는 어른이 되고 일을 시작한 후에 깨닫는 사람도 있어요. 그에 비해 이른

공인심리사의 조언

(※1) 초등학교에서 발달 장애로 진단 받는 경우가 많은 이유는 집단 생활(집단 학습)에서 다른 행동을 하는 아이가 눈에 띄기 때문이라고 할 수 있다. 일본 문부과학성의 조사에 의하면 초등학교 1학년 때 10% 미만이 진단받지만 아이들은 계속 성장해 가기 때문에, 그 증상이 바뀌지 않는다는 고정 관념은 버려야 한다. 또 어른이 되어서 발견되는 경우도 아이들의 발달 장애와 비슷할지도 모르지만 반드시 똑같다고 생각하지 않는 편이 좋다.

단계에서 발달 장애라고 알게 되면 아이를 관찰할 수 있는 시간이 많아지기 때문에 성장에 맞춰 대처하기 쉬워요."라고 했기 때문이었다. 그렇게 해서 의사 선생님과 가족이 이인삼각으로 아들의 치료를 시작하였다.

잘 관찰하여 대처 방법을 찾아낸다

처음에는 무조건 잘 관찰하라고 해서 신경 써서 봤더니 여러 가지를 알게 되었다. 본래 아이들은 싫어하거나 불쾌한 것이 있으면 말로 호소한다. '먹기 싫다, 걷기 싫다, 졸려…'와 같이 말이다. 그런데 감정을 말로 표현할 수 없는 아이는 그저 울기만 했다. 아마 자신의 생각이 전해지지 않았거나 불만 등이 있을 때 말 외로 전달할 수 있는 유일한 수단이었을 것이다. 산책하거나 장을 보러 가면 주위가 놀랄 정도로 큰 소리로 잘 울었다. 아직 아기일 때는 주위 사람들도 "어이구 아기가 우네." 정도로 끝났지만 걷기 시작했을 무렵부터는 외출했을 때 큰 소리로 울면 주위 사람들이 '혹시 학대하는 게 아닌가?' 하는 시선으로 쳐다보았다. 그래서 식사 도중에 가게를 나와야 할 때도 종종 있었다. 하지만 이것은 조금씩 개선되어 갔다. 그 방법은 '무조건 여러 가지를 경험하게 한다'는 것이었다. 우는 원인을 여러 가지로 생각해 보니 처음 가는 장소라 불안하다, 싫어하는 음식만 나와서 싫다[※2] 등인 것을 조금씩 알게 되었다.

그래서 같은 곳을 몇 번이나 다니면서 '여기는 괜찮은 곳이다'라고 이해하게 했다. 물론 바로 익숙해지지는 않았지만 그래도 여러 번 다님으로써 입구, 화장실 등을 알게 되었고 예전에 온 적 있는 장소라고 인식하면 큰 소리로 우는 일이 줄어들었다. 식사의 경우 처음에는 울 것 같으면 부부가 교대로 밖에 데리고 나가는 방법을 취했다. 하지만 그래도 느

가족이 지켜본 '발달 장애'

공인심리사의 조언

[※2] 편식을 많이 한다고 하는데, 모두가 그렇지는 않으며 보통의 아이들이 좋아하고 싫어하는 것과 같기 때문에 병의 증상이라고 할 수는 없다. 음식에 대한 감각이나 후각 등이 뛰어날 가능성이 있으므로 그쪽을 잘 키워 가면 장래에 도움이 되리라 여겨진다.

굿하게 식사할 수는 없었다. 그래서 아내가 생각한 것이 '뷔페식' 식당에 가는 것이었다. 뷔페라면 좋아하는 것이나 마음에 드는 것을 골라 먹을 수가 있다. 그러다 보니 싫어하던 음식을 먹을 수 있게 되기도 했다. 이렇게 우는 이유를 조금씩 줄여 갔더니 3~4살 정도부터는 보통 사람들처럼 외식도 할 수 있게 되었다.

초등학교에서 일어난 어떤 사건

그러나 초등학교에 들어갔을 때 새로운 문제가 발생했다. 바로 '통급'이라는 제도였다. 당시 살고 있던 지자체에서는 발달 장애 학생이 일주일에 한 번 다른 학교에 있는 지원 교실을 다니게 되어 있었다. 지원 교실에 다니는 일에 대해 본인은 특별히 신경 쓰는 것 같지 않았지만 주위 아이들은 그렇지 않았다. '왜 쟤만 수업 도중에 어딘가 가는 거지?'라며, 수업을 빠지고 다른 학교에서 노는 건 부당하다고 생각한 것이었다. 초등학교 고학년의 경우는 선생님이 이유를 설명하면 어느 정도 이해할 수 있겠지만 아직 저학년인 아이들은 아무리 선생님이 설명을 해도 이해해 주지 않는다. 처음에는 가벼운 기분으로 건드리는 것이었지만 점점 정도가 심해져 아들은 '일주일에 한 번 수업을 빠지는 녀석'이 되어 따돌림의 대상이 되어 갔다. 이렇게 되자 초등학교 자체가 싫은 장소로 바뀌어 결국에는 등교를 거부하게 된 것이다.

그리고 사건이 일어났다. 자영업을 하고 있던 나는 보통은 아들에게 그날 있었던 일을 반드시 물어봤다. 하지만 마침 몸이 안 좋아 입원하고 있던 시기에는 어땠는지 물어볼 수가 없었다. 그랬는데 근처 중학교에 다니는 딸에게 학교에서 아들이 뛰어내리려고 했다는 연락이 왔다. 면회 시간이 아니었지만 병원에 사정을 말하고 아들을 직접 만나 이야기를 들어보았다. 내가 입원해서 마음의 동요가 있었던 시기에, 당시 담임 선생님이 아들이 듣기에 참을 수 없는 폭언을 내뱉고 주위 아이들도 같이 재미있어 하니까 자포자기한 심정이 되어 그런 행동을 했다고 했다. 그 말을 듣고 화가 머리끝까지 치밀어 올랐지만 화를 낸다고 해서 개선될 일이 아니었다. 그래서 나는 "싫다면 무리해서 학교에 가지 않아도 된다."라고 말했다. 공부는 집에서도 할 수 있고 싫은 곳에 싫은 마음으로 갈 바에는 집이 더 낫다고 생각했다. 물론 이 일 자체를 어쩔 수 없다고 포기할 생각은 전혀 없었다. 퇴원 후 교장과 당시 담임, 교육 위원회 등과 몇 번이나 만나 이야기하고 개선책을 요구했다. 그 후 통급 빈도가 줄어들었고, 반대로 지원 학급의 선생님이 일반 학교로 와서 순회 지도하게 됨으로써[※3] 다른 아이들도 '아, 다른 학교에서 공부했구나.'라고 이해해 주고, 이후 큰 문제로 발전하지 않았다.

환경 변화를 싫어하는 아이가 환경 변화를 원했다

중학교에 가서도 새로운 문제가 생겼다. 바로 진로였다. 성적은 밑에서 세는 편이 빠를 정도라 학교 선생님에게 지원 학교를 권유받았다.[※4] 하지만 아들은 좋아하는 과목에 대해서는 놀랄 만큼 많은 지식을 갖고 있었기 때문에[※5] 우리는 그것을 발전시킬 방법이 없는지 여러 모로 생각하게 되었다. 환경이 바뀌면 적응할 때까지 시간이 걸리지 않을까 걱정했지만 본인에게 물어보니 반대로 환경을 바꾸고 싶으니까 다른 학군의 학교에 다니고 싶다고 했다. 그래서 여러 군데 환경이 맞는 고등학교를 찾다가 학생의 고민 상담을 해주는 카운슬러가 상주하는 학교를 아내가 찾아냈다. 그래서 바로 본인과 함께 학교에 견학을 갔더니 본인도 마

가족이 지켜본 '발달 장애'

공인심리사의 조언

[※3] 문제가 일어난 경우 마음을 가라앉히려고(쿨다운) 그 자리를 떠나는 지도 방법을 취하는 경우가 있다. 이를 '타임아웃'이라고 한다. 하지만 그 장소에서 멀찍이 떨어져서 문제를 지켜보기만 하는 것이므로 그다지 추천하지 않는다. 뭔가 문제가 생겼을 때는 그 자리에서 멀어지지 말고 본인과 같이 해결해 가는 것이 좋다.

[※4] 특별 지원 교육을 받으면 보통의 교육으로는 좀처럼 되돌아가기 어렵다는 측면도 있다. 이는 앞으로의 과제라고도 할 수 있다. 또 부모가 고민이 있는 경우는 마음속에 품어 두지 말고 가능한 한 많은 사람에게 상담을 하는 편이 좋다.

[※5] 때로는 놀랄 정도의 기억력을 갖고 있는 아이도 있다. 하지만 보통은 시간이 지나면 기억이 흐지부지되어 가지만 이런 아이들은 모든 것을 기억하기 때문에 뇌가 피폐해진다. 오버히팅이 되지 않도록 적절히 휴식을 취하게 하는 등 주위 사람들이 배려에 신경을 써야 한다.

음에 들어 하는 눈치였다. 면담 시에도 선생님으로부터 "공부할 수 있는 환경을 만드는 것을 중시하므로 안심하기 바란다."라는 말을 듣고 안심이 돼서 그 학교에 입학하기로 결정했다. 처음에는 환경이 바뀌니까 등교를 거부하지 않을까 걱정했지만 그것은 기우에 지나지 않았다. 공부에 집중할 수 있는 환경이어서 성적이 쑥쑥 올라갔다. 카운슬러가 상주하고 있는 것도 다행이었다. 학생들 사이에 자주 있는 고민도 바로바로 상담해 주고 선생님에게도 제대로 보고해서 정보를 공유하고 있었기 때문에 본인도 기분 좋게 학교를 다닐 수 있었다. 이렇게 해서 성적은 항상 톱클래스였고 올해는 드디어 원하는 대학에도 진학할 수 있었다. 현재도 대학을 다니면서 자신이 좋아하는 학문을 연구하고 있다.[※6]

결코 부정적이 되면 안 된다

이것은 어디까지나 우리 가족의 예일 뿐 각각의 환경에 따라 모두가 똑같은 결과를 얻는다고는 할 수 없다. 하지만 처음에 진단을 내린 선생님에게 들었던 "이 아이는 실제 나이보다 5살 어리다고 생각하고 봐 주세요. 그러다 보면 성장이 따라갈 수도 있을 거예요."라는 말을 믿고 키워왔다. 물론 본인의 성장도 있겠지만 가족도 크게 바뀌는 계기가 된 것도 사실이다. 이런 동생을 둔 딸은 어린아이를 돌보는 것을 당연하게 여겨 현재는 유치원 교사, 보육 교사, 초등학교 교사 면허를 취득하고 아이들과 관련된 직장에서 일하고 있다. 우리 부부도 힘든 일이 많았지만 지금 되돌아보면 여기에 다 쓰지 못할 정도로 재미있는 에피소드도 많았다. 꼭 그래서만 그런 것은 아니지만, 결코 발달 장애를 가족이 부정적으로 생각할 필요는 없다고 절실히 느낀다.

[※6] 아이의 장래를 생각해서 어렸을 때부터 '직업'에 눈을 돌리게 하는 것이 중요하다. 그 직업이 어떤 일을 하는 것인지를 가정에서도 제대로 설명하고 체험하게 하는 것이 중요하다.

제 **2** 장

아이가 품기 쉬운
마음의 문제

01 발달 장애 아동을 지원하기 위해
발달 장애는 타고난 개성이나 특성으로 생각해야 한다

가장 우선시해야 할 것은 아이들의 마음

발달 장애(신경 발달 장애)란 선천적인 뇌 기능 문제로 인해 사회생활이 곤란해지는 질병이다. 옛날에는 '본인의 노력이 부족하다.', '가정 환경 때문이다.', '부모의 잘못된 가정 교육 탓이다.'라고 여겨졌지만 현재는 의학적으로 모두 부정한다. 발달 장애는 선천적인 것으로, 타고난 특성이다.

때문에 발달 장애라고 깨닫지 못한 채 또는 착각한 채 아이에게 엄격한 훈육을 하거나 과도한 노력을 요구하면 개선은커녕 증상이 악화되어 2차 장애(78쪽 참고)를 초래할 우려가 있다.

발달 장애가 나타나는 원인은 아직 밝혀지지 않은 부분이 많아 유감스럽게도 현재는 근본적인 치료 방법이 없다.

하지만 정형 발달인 아이들과 비교하면 속도는 느리지만 발달 장애 아이들의 마음도 발달을 계속한다. 증상의 개선에만 눈을 돌리기 십상이지만 우선시해야 할 것은 그들의 마음이다.

때문에 치료는 '요육 지원'이 중심이 된다. 특성에 맞춰 적절한 환경을 마련하면 아이들이 자신의 의지로 선택·행동하고 모든 일에 적극성을 보이기 쉬워진다. 그런 알찬 생활을 보냄으로써 결과적으로 증상의 개선도 기대할 수 있는 것이다.

발달 장애는 특별히 강한 개성

여러 타입의 아이들이 있다.

발달 장애라고 하면 부정적인 이미지를 갖고 있는 사람이 많지만 '못하는 것'에만 신경 쓰지 말고 '할 수 있는 것'에도 눈을 돌리는 것이 좋다. 그들 중에는 기억력이나 예술 면에서 정형 발달 아이들보다 뛰어난 재능을 보이는 경우가 있다.

본인의 노력 부족, 가정 환경, 부모의 잘못된 가정 교육 때문이 아니다!

아이는 칭찬하면 성장한다. 성공 경험을 거듭하는 것이 큰 자신감으로 이어진다.

'아이가 말을 안 듣는다'고 오해하고 엄하게 질책하면 2차 장애를 일으킬 우려도...

옛날과 비교해서 발달 장애인이 늘었다!?

일본 후생노동에 의하면 2017년도에 의료 기관에서 진료받은 발달 장애인 수는 23만 3천 명이라고 한다. 2002년도에 3만 5천 명이었던 것이 15년 사이에 6배 이상 증가했다. 그런데 이것은 '발달 장애인이 늘었다'기보다 '발달 장애의 인지도가 높아졌다'고 생각해야 한다. 2005년에 발달 장애인 지원법이 시행되어 발달 장애에 대한 관심이 높아졌다. 그래서 '혹시 나도?' 하고 진료받는 사람이 늘어 잠재해 있던 발달 장애인이 표면화된 것일지도 모른다.

장기적인 관점으로 지원한다

〈DSM-5〉 진단 기준에 의하면 발달 장애의 중분류는 지적 장애, 의사소통 장애, 자폐 스펙트럼 장애, 주의력 결핍 과잉 행동 장애, 국한성 학습 장애, 운동 장애, 기타 신경 발달 장애와 같이 7가지로 나뉜다. 한마디로 발달 장애라고 해도 그 특성은 사람마다 다르며 같은 질환이라도 특성이 나타나는 방법에 개인차가 있다.

예를 들어 같은 자폐 스펙트럼 장애라고 해도 타인에게 관심을 보이지 않고 조용히 혼자 있기를 좋아하는 아이도 있는가 하면 타인에게 적극적으로 다가가 일방적으로 계속 말을 하는 아이도 있다. 또 발달 장애는 각각이 서로 복잡하게 얽혀 있다. 특히 자폐 스펙트럼 장애와 주의력 결핍 과잉 행동 장애, 국한성 학습 장애는 같이 나타나는 경향이 있어 두드러지는 특성도 복잡하다.

때문에 발달 장애 아이를 케어할 때도 병명에 얽매이지 말고 당사자를 제대로 관찰하여 어떤 특성이 나타나 있는지 체크하는 것이 중요하다. 또 발달 장애를 지원할 때는 장기적인 관점에서 하는 것이 이상적이다. 왜냐하면 발달 장애 아이는 이해력이 편중되어 있거나 기억 방법이 특이하여 정형 발달 아이보다 환경의 영향을 받기 쉽기 때문이다.

학교에는 다양한 수업과 행사가 있고 진급이나 진학으로 인해 들어가는 교실, 다니는 학교, 반 친구들의 얼굴 등이 바뀐다. 환경이 계속해서 바뀌는 중에 어떤 환경에 있을 때 바람직한 특성이 나타나고, 반대로 어떤 환경에 있을 때 바람직하지 않은 특성이 나타나는지, 그런 과거의 성장 환경을 파악하고 있으면 지원하는 측도 적절한 지원 방법을 제안하기 쉬워진다. 특성은 사람에 따라 다양하기도 하지만 환경이나 나이, 본인의 성장에 따라서도 바뀐다.

발달 장애(신경 발달 장애)의 분류

47

발달 장애는 단독이 아니라 겹쳐서 나타날 수도 있다

지적 장애
ID
(Intellectual
Disability)

주의력 결핍
과잉 행동 장애
ADHD
(Attention-Deficit
Hyperactivity Disability)
• 주의 산만 우세형
• 과잉 행동 • 충동성 우세형
• 혼합형

자폐 스펙트럼 장애
ASD
(Autism Spectrum Disability)
• 사회적 의사소통 장애
• 국한된 반복적 행동

국한성 학습 장애
SLD
(Specific Learning
Disability)
• 읽기 장애
• 쓰기 장애
• 산수 계산 장애

특히 병존이 많은 것은 자폐 스펙트럼 장애

발달 장애의 대표적인 특성은 복잡하게 얽혀 있다. 2020년 일본의 히로사키 대학 연구팀의 조사 발표에 의하면 자폐 스펙트럼 장애의 88.5%가 적어도 하나의 다른 발달 장애가 같이 발병하고 있는데 그 중에서도 주의력 결핍 과잉 행동 장애병존이 50.6%, 지적 장애 병존이 36.8%로 강한 관계를 보인다.

발달 장애는 타고난 개성이나 특성으로 생각해야 한다

02 정신 지체라고도 하는 지적 발달 장애
지적 장애(ID)

지적 기능·적응 기능·발달기로 진단

　　　　　지적 장애(ID)는 같은 연령대와 비교해서 지적 발달이 늦어 사회 적응을 잘 못하는 특성을 가진 장애이다. '정신 지체'나 '지적 발달 장애'라고도 표기한다. 지적 기능, 적응 기능, 발달기라는 3가지 영역에서 기준을 충족하면 지적 장애로 진단받는다. 지금까지 판단 기준의 바탕이 된 것은 지적 기능이었다. 평균 100, 표준 편차 15로 검사한 IQ(지능 지수)가 약 70 이하면 이 특성에 해당하며 약 51~70이 경도, 약 36~50이 중등도, 약 21~35가 중증, 약 20 이하가 최중증으로 IQ의 범위에 따라 4개의 중증도로 나뉜다.

　그러나 〈DSM-5〉에 의해 'IQ만으로 진단할 수 없다'는 견해를 받아들여 현재는 지적 기능에 더해 '적응 기능'도 같이 진단하도록 되어 있다. 적응 기능에서는 대인 관계에 필요한 사회적 기술이나 생활에 필요한 실용적 기술 유무 등을 심리 전문 직종이 행동 관찰한다. 그리고 최종적으로 지적 기능과 적응 기능의 문제가 대략 18세까지 인정되었는지 아닌지를 확인하는 '발달기' 진단을 거쳐 지적 장애인지 아닌지가 정해진다.

　일본 후생노동성에 의하면 일본인의 지적 장애 유병률은 일반 인구의 약 1%라고 한다. 남녀비는 대략 경도가 1.6:1, 중등도가 1.2:1로 남자가 다소 많은 경향이 있다.

지적 장애의 판정 기준(경도~최중증)

	a	b	c	d
I (IQ~20)	최중증 지적 장애			
II (IQ21~35)	중증 지적 장애			
III (IQ36~50)	중등도 지적 장애			
IV (IQ51~70)	경도 지적 장애			

참고: 〈2005년 지적 장애아(인) 기초 조사 결과 개요〉 후생노동성

일본 후생노동성의 진단표는 왼쪽과 같다. 가로축의 I ~IV는 IQ, 세로축의 a~d는 생활 능력(적응 기능) 수준이다. a에 가까울수록 자립 생활이 곤란하고, d에 가까울수록 자립 생활이 가능하다는 것을 의미한다. IQ가 낮아도 적응 능력이 높으면 하나 더 가벼운 등급으로 진단한다.

'중등도'의 특징

- 지시를 받으면 옷을 갈아입을 수 있다.
- 목욕 시 자신의 몸을 씻을 수는 있지만 안 씻긴 곳이 있다.
- 글자의 읽고 쓰기는 어느 정도 할 수 있다.
- 새로운 곳으로 이동하거나 교통기관의 이용이 힘들다.… 등

'경도'의 특징

- 몸가짐이나 옷을 갈아입는 등 기본적인 생활 습관이 확립되어 있다.
- 문장을 사용한 간단한 의사 표시나 이해는 할 수 있지만 한자의 습득은 어렵다.
- 집단 생활이나 친구와의 교류는 가능하다.… 등

'최중증'의 특징

- 기본적인 생활 행동을 못 한다.
- 변의를 전달할 수 없다.
- 의사소통은 어렵지만 몸짓이나 간단한 단어로 의사 표시를 하는 경우도 있다.… 등

'중증'의 특징

- 옷 갈아입기, 목욕, 식사 등 기본적인 생활에 지시나 보조가 필요하다.
- 간단한 대답 이외의 의사소통이 힘들다.
- 혼자서 외출하기 힘들다.… 등

아이의 발달에 맞춘 적절한 지원이 가능하다면 개선 가능성이 커지므로 긍정적으로 생각한다!

대부분의 경우 지적 장애의 근본적인 치료는 힘들다는 것이 현재 솔직한 상황이다. 하지만 특성이나 중증도에 따라 적절한 환경을 조성함으로써 적응 기능이 개선되거나 향상될 가능성이 있다.

49

지적 장애(ID)

당사자뿐만 아니라 가족의 케어도 생각한다

49쪽에서도 설명했듯이 지적 장애는 장애 자체의 근본적인 개선은 어려운 특성을 가진다. 때문에 적응 기능을 향상하여 생활하기 쉽게 하는 지원이 중심이 된다.

일반적인 지원은 가정, 케어 홈, 시설 등에서 협동적으로 실시한다. 교육면에서는 특별 지원 학교의 소수 교육을 통해 한 명 한 명의 실태에 맞춰 지도한다. 통상의 학급과 같은 학년별이 아니라 발달기에 따른 중증도에 따라 교과의 목표나 내용을 단계적으로 제시하여 지도한다. 또 각 교과의 학습뿐만 아니라 자신의 의사를 전달하는 방법이나 일상의 행동 등 사회 생활에 필요한 지식과 기능을 획득하도록 지도한다.

그리고 아주 가벼운 경도 지적 장애의 경우 본인이나 가족도 알아차리지 못한 채 어른이 되는 경우도 있다. 이런 경우 성적이 나쁜 원인이 당사자의 노력 부족이라고 간주되어 열등감을 갖고 있는 경우도 많기 때문에 마음의 케어도 중요하다. 또 유년기에 진단받은 아이에 대해서도 마찬가지이다. 지적 장애는 적응 기능 케어가 우선시되는 경향이 있기 때문에 마음의 케어를 소홀히 하지 않도록 신경 써야 한다.

한편 가족에 대한 지원도 중요하다. 자신의 아이가 지적 장애임을 알때의 충격이 너무 크고, 아이를 적절히 지원하지 못하는 경우가 있다. 주변의 도움이나 환경에 따라 충분히 그 사람 나름대로의 인생을 보낼수 있다는 것을 이해시키고 적극적인 지원에 힘쓰도록 독려한다.

가정의 지원이 중심이 되는 경우 일시적으로 아이를 시설이나 행정 서비스 등에 맡겨 심신의 부담을 줄이는 지원도 가족 전체의 생활의 질을 높이는 데 중요하다. 공공 서비스를 모른 채로 가족이 피폐해져 가는 경우가 있으므로 제대로 주지시킬 필요가 있다.

지적 장애를 대하는 법과 지원

대하는 법을 신경 쓴다

① 감정적으로 혼내지 않는다.
② 위압적인 지시를 하지 않는다.
③ 잘못된 인식을 바로 잡는다.
④ 알기 쉽게 말한다.
⑤ 잘 참으면 칭찬해 준다.

지적 장애는 행동의 이유를 잘 이해하지 못한다. 이해가 따라가지 못해 트러블을 일으켜도 감정적으로 혼내지 말고 냉정하게 설명한다.

차이를 이해하고 공감한다

① 당사자가 얼마나 힘들어 하는지를 안다.
② 우선 공감한다.
③ 대답을 재촉하지 않는다.
④ 천천히 이야기한다.
⑤ 대답하기 쉬운 말을 한다.

지적 장애 당사자가 얼마나 힘들어 하는지를 이해하는 것은 어렵다. 무엇을 어떻게 느끼고 있는지 그들과 공통 체험을 통해 알아 가는 것이 중요하다.

의사소통에 대한 배려

① 어휘가 적다는 것을 이해한다.
② 한 문장에 하나의 뜻을 담는다.
③ 나쁜 뜻이 없는 직설적인 표현을 한다.
④ 질문의 표현을 바꿔 본다.
⑤ 이중 부정은 사용하지 않는다.

지적 장애는 복잡한 문장이나 표현을 잘 이해하지 못한다. 길게 돌려 말하거나 비유 등을 피하고 시간을 들여 하나의 문장으로 간결하게 전달하도록 신경 쓴다.

공인심리사의 **조언**

발달 속도는 느리지만 성장해 간다

　본래의 능력을 알기 어려운 장애라고 할 수 있다. 우리는 애초에 '지능'에 대해 잘 알지 못하며, 지능의 정의도 통일되지 않았다. 지능 자체가 확실한 것이 아니므로 그 장애에 대해서도 명확한 정의를 내릴 수 없다.
　지능은 경험이나 학습을 통해 변화하고 성장해 간다. 때문에 경험과 교육이 중요하다고 할 수 있다. 아이가 성장함에 따라 능력은 변화한다. 또 지적 장애가 있는 사람에게 맞춰 사회의 개념과 구조가 바뀌어 가는 것도 중요하다. 이로써 아이나 본인 삶의 편안함도 바뀌어 간다.

03 공감 능력이 떨어지고 특정 대상에 강한 집착을 보인다
자폐 스펙트럼 장애(ASD)

약 90%가 다른 증상이 같이 나타난다

자폐 스펙트럼 장애(ASD)는 예전에는 자폐증, 아스퍼거 증후군, 광범성 발달 장애 등으로 불렸던 발달 장애이다. 스펙트럼은 '연속'이라는 뜻을 가지고 있으며 각기 다르게 불리던 증상을 일련의 특성으로 취급하여 자폐 스펙트럼 장애라는 이름으로 통합하였다.

이 장애의 특성은 크게 '사회적 의사소통 장애'와 '국한된 반복 행동'으로 나눌 수 있다. 전자는 상황이나 상대에 따른 대응 방법이 서투르고 후자는 특정 행동을 반복한다는 특징이 있다. 이 두 가지 특성이 발달 초기에 확인되면 종합 진단을 거쳐 자폐 스펙트럼 장애로 진단받는다. 특성의 세기에 따라 3단계의 중증도가 있는데 지원이 필요한 '레벨 1', 충분한 지원을 필요로 하는 '레벨 2', 상당히 충분한 지원을 요하는 '레벨 3'으로 나눈다.

다른 장애가 같이 나타나기 쉬운데 실제로 약 88% 이상이 하나 이상의 다른 장애를 갖고 있다고 한다. 지적 장애(48쪽)와 병존하는 경우도 있으며 반대로 지극히 높은 지적 능력을 갖고 있는 경우도 있다.

일본 후생노동성에 의하면 자폐 스펙트럼 장애의 발생 빈도는 약 1%라고 한다. 남자에게 많이 보이는 경향이 있으며 발생 빈도는 여자의 약 4배라는 보고도 있다.

자폐 스펙트럼 장애의 특성은 크게 2가지이다

사회적 의사소통 장애

타인과 의사소통이 서툴러 소위 말하는 '분위기 파악'은 거의 못한다. 학교에서도 잘 어울리지 못하고 친구가 있어도 그다지 깊은 교우 관계를 갖지 못하는 경우도 있지만 조금씩 상호 관계를 배워 간다.

비언어적 의사소통이 서투르다.
상대의 시선이나 표정을 보고 감정을 읽어 들이는 것을 잘 못한다. / 가족을 포함하여 타인에 대한 관심이 약하다. / 별로 말을 하지 않는 경향이 있다.… 등

표면적인 말의 의미로 받아들이기 쉽다.
관용구나 비유, 애매한 표현, 비꼬기 · 과장 · 농담 등을 잘 이해하지 못한다. / 적절한 인사를 사용할 타이밍을 모른다.… 등

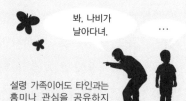

봐, 나비가 날아다녀.

…

설령 가족이어도 타인과는 흥미나 관심을 공유하지 않는 경우가 있다.

국한된 반복 행동

국한이란 '한정된 범위'를 의미한다. 특정 동작을 반복하거나 특정 대상에 강한 집착을 갖는다. 주위에서 보면 이상한 행동으로 보이지만 당사자에게는 매우 중요하므로 집착하는 것을 방해받으면 패닉 상태에 빠지기도 한다.

같은 행동을 반복한다.
몸을 흔들거린다. / 빙글빙글 돈다. / 제자리에서 뛴다. / 한 물건을 계속 만진다. / 물건이나 공간을 가만히 계속 바라본다.… 등

특정 물건이나 사건에 집착한다.
등굣길은 반드시 정해진 경로로 간다. / 특정 말을 반복해서 말하거나 쓴다. / 수집벽을 갖고 있다. / 특정 분야의 이름을 암기한다.… 등

항상 가던 등굣길을 통과할 수 없다! 어떡하지, 어떡하지!!

'항상 하던 대로' 할 수 없을 때 강한 불안을 느낀다

감각 민감과 감각 둔감

감각이 예민하거나 둔감하다.

진료 기준에는 포함되어 있지 않지만 자폐 스펙트럼 장애를 가진 사람은 종종 시각, 청각, 미각, 통각 등 다양한 감각이 어느 한쪽으로 치우쳐 있다. 예를 들어 시각이 예민하면 '하얀 종이에 쓰여 있는 검은 글자'의 대비가 강하게 다가와 글자를 잘 못 읽게 된다.

가까이에서 말을 걸면 굉장히 싫어하네.

청각 예민을 잘 전달하지 못해 짜증이 나기 쉽다.

안 추워!?

감각 둔감은 온도를 느끼기 힘들며 계절에 안 맞는 옷으로 주위를 놀라게 하기도 한다.

개인에게 맞춘 개입 방법을 생각한다

유감스럽게도 아직 자폐 스펙트럼 장애를 근본적으로 치료할 수 있는 방법은 확립되어 있지 않다. 하지만 요육이나 환경 정비와 같은 지원으로 서툰 부분에 대한 대처 방법을 익혀서 증상 완화나 부담 낮추기를 기대할 수 있다.

지원 방법 중 하나인 'TEACCH 프로그램'은 전 세계적으로 보급되고 있다. 이 프로그램은 자폐 스펙트럼 장애 당사자의 생각과 세계를 이해하고 그 특성에 맞춘 포괄적 지원을 함으로써 자립과 공존을 지향한다.

또 부모와의 관계도 중요하기 때문에 페어런트 트레이닝(PT)의 일종인 'PCIT(부모 자식 상호 교류 요법)'라는 지원 방법도 있다. 부모와 자식의 교류를 다른 방에서 카운슬러가 관찰하고 상황에 따라 부모에게 적절한 대응 방법을 지시한다. 교류 방법의 개선은 짜증이나 공격적 행위 등이 보이는 경우에 효과적이라 할 수 있다. 그 외에도 당사자의 행동을 환경과 개인의 상호 작용으로 이해하고 환경의 변화를 통해 행동 변용을 지향하는 'ABA(응용행동분석)', 대인 관계를 원만하게 하기 위한 기술을 익히는 'SST(사회기술훈련)', 자신의 마음 상태를 깨닫게 하여 타인의 언동을 이해하는 능력을 키우는 'Mentalization(정신화)' 등 연령과 중증도, 눈에 띄는 특성에 맞춘 다양한 개입 방법이 있다.

그런데 자폐 스펙트럼 장애의 특성에만 사로잡히지 않도록 주의해야 한다. 왜냐하면 병존 장애가 많아, 주의력 결핍 과잉 행동 장애(56쪽)나 국한성 학습 장애(66쪽) 등의 특성을 갖고 있는 경우도 있기 때문이다. 진단명을 고집하지 말고 한 사람 한 사람 제대로 마주하여 무엇을 힘들어 하는지 무엇에 서툰지를 잘 판단해 그 사람에게 맞는 적절한 지원을 생각하는 것이 중요하다.

자폐 스펙트럼 장애를 대하는 방법과 지원

구체적인 말로 전달한다.

애매한 표현을 이해하지 못하거나 말 그대로의 의미로 받아들여 버린다. 뭔가를 지시할 때는 짧은 말로 구체적으로 천천히 전달하도록 한다.

요구의 의사를 확인한다.

수동형이라 '싫어'나 '그만해'와 같은 요구를 입 밖에 내지 못하는 타입의 아이에게는 대변해 주는 것도 필요하다. 대화에서 입을 다물고 있을 때는 잠깐 시간을 두고 의사를 확인하도록 한다.

시각 정보를 활용한다.

자폐 스펙트럼 장애를 가진 아이는 시각 정보의 이해가 뛰어난 경우가 많다. 말로 전달하기보다 글자나 그림을 사용하면 매사를 안심하고 받아들일 수 있게 된다.

패닉 상태에 빠져도 냉정하게

어떤 이유로 불안을 느끼고 패닉 상태에 빠졌을 때는 조용한 곳으로 데리고 가 진정할 때까지 기다린다. 혼내지 말고 침착해진 것을 칭찬해 주자.

관심의 폭을 넓힐 궁리를 한다.

특정 장난감에 집착하여 같은 놀이만 반복하는 경우는 다른 놀이에도 관심을 갖도록 말을 건다. 강제는 금물이지만 조금이라도 관심의 폭을 넓힐 기회를 마련하도록 궁리한다.

적절한 요육과 지원 방법을 생각한다.

자폐 스펙트럼 장애의 특성을 완화시키는 요육과 지원 방법은 많이 있다. 연령이나 증상, 눈에 띄는 증상에 따라 그 아이에게 맞는 적절한 지원 방법을 생각하도록 한다.

공인심리사의 조언 | 생활에 지장을 주는지 아닌지 '고집'의 파악 방법이 중요하다.

자폐 스펙트럼 장애의 경우 자신이 생각한 대로 매사를 행하려는 '고집'이 문제가 될 수 있다. 때로는 그것이 일상생활이나 사회생활에 지장을 초래하기도 한다.

그러나 당사자는 그저 자신의 기억을 재현하려고 생각하고 있을 뿐인 경우도 있다. 또 자신이 좋아하는 방법으로 뭔가를 하고 싶을 때도 있을 것이다. 어른에게도 다양한 '고집'이 있다. 사람에게는 '고집'이라는 특성이 있으므로 그것이 허용 범위인지 아닌지를 생각할 필요가 있다.

04 집단생활이 서툴러 고립되기 쉽다
주의력 결핍 과잉 행동 장애(ADHD)

성장과 함께 두드러지는 특성이 바뀐다

주의력 결핍 과잉 행동 장애는 영어로 Attention-Deficit Hyperactivity Disorder의 머리글자를 따 ADHD라고 부르는 경우가 많다.

주요 특성으로는 물건을 잘 잃어버리거나 집중력이 떨어지는 '주의력 결핍'과 가만히 있지 못하는 '과잉 행동', 생각하기 전에 먼저 움직이는 '충동성'이 있다.

눈에 띄는 특성에 따라 2가지 타입으로 분류하는데 부주의가 눈에 띄는 타입을 '부주의 우세형', 과잉 행동이나 충동성이 눈에 띄는 타입을 '과잉 행동·충동성 우세형'이라고 한다.

유아기에는 과잉 행동이나 충동성이 눈에 띄어 '활동적인 아이'라는 인상을 받는다. 하지만 학령기에 들어가면 부주의로 인해 물건을 잘 잃어버리거나 과잉 행동으로 인해 자리에 가만히 앉아 있지 못하는 행동이 늘어 간다. 도를 넘으면 학교 생활에 적응하기 어려워져 주위와 어울리지 못하는 경우도 적지 않다.

주의력 결핍 과잉 행동 장애를 갖고 있는 아이는 학령기(6~15세)에 3~9% 정도라고 하며 나이가 올라갈수록 문제시되는 특성이 약해져 가는 경우도 많다. 그러나 성인에게도 2~2.5% 정도 확인되고 있고 어른의 주의력 결핍 과잉 행동 장애는 자신의 실패를 강하게 인식할 수 있는 만큼 불안 장애나 의존증 등 2차 장애를 초래하는 경우가 많다고 한다.

주의력 결핍 과잉 행동 장애의 주요 특성

주요 특성은 부주의 · 과잉 행동 · 충동성 3가지

부주의의 특성

물건을 잘 잃어버리고 집중력이 지속되지 않는다.

- 물건을 몇 번이나 잃어버리거나 놓아둔 곳을 잊어버린다.
- 정리를 못한 채 계속하는 일이 많다.
- 외부의 자극에 바로 집중력이 흐트러진다.
- 오탈자나 단순한 계산 실수가 많다.… 등

과잉 행동의 특성

가만히 있지 못한다.

- 수업 중에도 앉아 있지 못하고 돌아다닌다.
- 신경 쓰이는 것이 있으면 그쪽으로 간다.
- 일방적으로 말한다.
- 이야기의 내용이 자꾸 바뀐다.… 등

충동성의 특성

생각하기 전에 행동해 버린다.

- 장시간 순서를 기다리는 것을 잘 못한다.
- 신경 쓰이는 물건은 만져야 직성이 풀린다.
- 아는 것을 입 밖에 내지 않으면 기분이 안 풀린다.
- 감정이나 욕구의 컨트롤을 잘 못한다.… 등

3가지 특성이 반드시 전부 동시에 나타나는 것은 아니다.
ADHD는 두드러지는 특성에 따라 2가지 타입으로 나뉜다.

부주의 우세형

물건을 잘 잃어버리거나 집중력이 없어 학습에 뒤쳐진다. 또 정리 정돈도 잘 못해 방을 정리하지 못한다. 남자보다 여자에게 많이 보이는 특성이다.

과잉 행동 · 충동성 우세형

여자보다 남자에게 많이 보이는 특성이다. 과잉 행동이 두드러지면 가만히 있지 못하고, 충동성이 두드러지면 감정 조절을 잘 못한다.

긍정적으로 받아들이는 환경이 중요하다

　　　　　가만히 있지 못한다, 말을 일방적으로 한다 등 집단 행동이 서투른 특성이 눈에 띄기 때문에 주의력 결핍 과잉 행동 장애는 어렸을 때부터 칭찬받을 기회보다는 혼날 기회가 많다. 그 결과 자존감이 낮아져 성장하면서는 의도적으로 인간 관계를 기피하게 된다. 주의력 결핍 과잉 행동 장애의 특성은 주위의 영향으로 바뀌기 쉽다는 특징이 있으므로 긍정적으로 받아들여 주는 상황에서는 특성이 두드러지지 않는다는 사실이 확인되었다. 때문에 주위 사람들이 주의력 결핍 과잉 행동 장애를 이해하고 적절한 대응과 지원을 함과 동시에 그들을 받아들이는 환경을 정비하는 것이 중요하다. 주의력 결핍 과잉 행동 장애의 치료는 환경에 대한 개입과 행동에 대한 개입을 같이 시행한다.

환경에 대한 개입의 경우 방이나 교실의 장식·게시물을 줄이고 쓸데없는 자극을 줄임으로써 집중력이 흐트러지지 않도록 하는 물리적인 개입이나 공부 시간을 10~15분 정도의 최소 단위로 나누는 시간적 개입이 효과적이다.

한편 행동에 대한 개입은 보호자 대상의 심리 교육(18쪽)과 부모 교육(PT)이 중요하다. 먼저 과도한 질책을 삼가고 적절한 주의를 주는 방법이나 자기 긍정감을 높이는 칭찬 방법 등을 배운다. 주의력 결핍 과잉 행동 장애 아이는 바람직한 행동에 보상을 주고 바람직하지 않은 행동에 보상을 주지 않는 대응을 실천하여 조금씩 바람직한 행동을 늘리도록 시도한다.

또 대인 관계를 원활하게 하기 위한 기능을 몸에 익히는 SST(사회 기술 훈련)나 인지 행동 요법 등도 시행한다. 그 외에 놀이를 통해 아이의 기분을 표현하게 하는 플레이 요법이나 과잉 행동·충동성의 특성을 완화하는 약물 요법 등을 같이 사용하는 경우도 있다.

주의력 결핍 과잉 행동 장애 아동을 대하고 지원하는 방법

부주의에 대한 지원

- 물건을 잃어버리지 않도록 반복해서 확인한다.
- 장난감을 꺼내도 좋은 장소나 정리를 위한 큰 상자를 마련하여 정리하는 규칙을 만든다.
- 장식이 적고 조용한 공간을 확보하여 외부 자극을 줄인다.… 등

주의력 결핍 과잉 행동 장애로 인한 부주의는 '주의하라'고 말을 하는 것으로는 해결되지 않는다. 구체적으로 하나씩 지시하거나 소지품을 같이 확인할 필요가 있다.

과잉 행동에 대한 지원

- 작업 시간을 짧게 설정하여 휴식을 자주 취한다.
- '프린트 배포'와 같이 수업 시간에도 몸을 움직일 수 있는 역할을 준다.
- 과잉 행동을 잘 참았을 때는 바로 칭찬한다.… 등

똑같은 자세를 계속 유지하는 것이 어려우므로 자주 휴식을 취해 몸을 움직일 수 있는 시간을 설정해 주는 것이 중요하다. 잘 참은 경우는 반드시 칭찬하여 긍정감을 높이도록 한다.

충동성에 대한 지원

- 느긋한 마음으로 접한다.
- 상황에 따른 올바른 행동을 전달하고 당사자가 규칙을 생각해 내는 계기를 부여한다.
- 바람직하지 않은 행동 대신에 문제를 해결할 수 있는 행동을 같이 생각하여 제안한다.… 등

감정을 제어하지 못하고 자지러지는 경우가 있다. 무조건 꾸짖기보다는 진정되고 나서 이야기를 듣고 공감하면서 해결법을 같이 찾도록 한다.

공인심리사의 조언 '과집중'이 일이나 공부에 활용되면 대단한 결과를 낳는 경우도 있다

주의력 결핍 과잉 행동 장애 아이들은 좋아하는 일에 굉장히 집중하는 '과집중'을 보이는 경우가 있다. 주위와 같이 행동할 수 없다는 점이 문제시되기는 하지만 과집중은 공부나 연구 등에는 필요한 능력이기도 하므로 전혀 생각지도 못한 발상이나 발견으로 이어질 수도 있다. 육아를 할 때는 부모가 부르거나 제안하는 것에 흥미를 보여 주지 않는 것이 힘들겠지만 그들의 특성을 이해하고 좋아하는 것을 발견하도록 해준다. 장래에 좋아하는 것과 관련된 일을 선택하면 재능을 유감없이 발휘하는 경우가 있을지도 모른다.

05 본인의 의사와는 상관없이 반복된다
틱 장애(TD)

특성이 1년 이상 지속되는 경우도 있다

틱 장애(TD)는 눈을 깜빡이거나 헛기침을 하는 행위가 일정 기간 반복되는 특성을 가진 장애를 말한다. 언뜻 보기에는 단순한 버릇처럼 보이지만 본인의 의사와는 상관없이 일어나기 때문에 멈추고 싶어도 멈출 수가 없다.

틱 장애는 언어나 발성을 동반하는 음성 틱과 머리나 손 등이 움직이는 운동 틱으로 나누는 한편 행위의 지속 시간에 따른 단순 틱과 복잡 틱으로 나눌 수도 있다.

예를 들어 단순 음성 틱은 헛기침이 대표적인데 복잡 음성 틱이 되면 욕이나 비속어를 반복하는 경우도 있어 주위를 놀라게 하거나 심하게 혼나는 경우도 드물지 않다. 또 운동 틱의 경우 눈을 깜빡이는 정도라면 일상생활에 큰 지장이 없지만 손을 움직이는 틱이 발생한 경우는 글씨를 쓰는 일이 곤란한 경우도 있다.

대부분의 경우 일시적인 발생으로 끝나는데 지속 기간이 1년 미만인 경우는 '잠정적 틱'으로 진단한다. 하지만 그중에는 1년 이상 지속되는 경우가 있다. 이 경우 운동 틱이나 음성 틱 어느 한 쪽이 지속된다면 '지속성 틱', 둘 다인 경우는 '투렛 증후군'이라고 한다.

틱 장애는 다른 증상과 공존하는 경우가 많은데 그중에서도 ADHD(56쪽)나 강박성 장애가 같이 일어나는 것이 대표적이다.

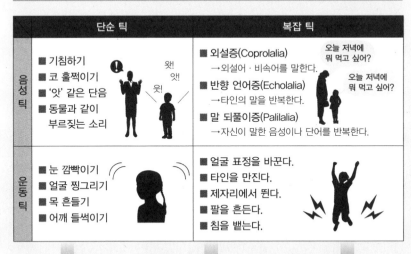

틱 장애와 주요 특성

	단순 틱	복잡 틱
음성 틱	■ 기침하기 ■ 코 훌쩍이기 ■ '앗' 같은 단음 ■ 동물과 같이 부르짖는 소리	■ 외설증(Coprolalia) →외설어 · 비속어를 말한다. ■ 반향 언어증(Echolalia) →타인의 말을 반복한다. ■ 말 되풀이증(Palilalia) →자신이 말한 음성이나 단어를 반복한다.
운동 틱	■ 눈 깜빡이기 ■ 얼굴 찡그리기 ■ 목 흔들기 ■ 어깨 들썩이기	■ 얼굴 표정을 바꾼다. ■ 타인을 만진다. ■ 제자리에서 뛴다. ■ 팔을 흔든다. ■ 침을 뱉는다.

특성의 지속 기간에 따라 3가지 타입으로 나뉜다

음성 틱 또는 운동 틱의 지속 기간이 1년 미만인 경우	음성 틱 또는 운동 틱 어느 하나가 1년 이상 계속되는 경우	1종류 이상의 음성 틱과 복잡 운동 틱 둘 다가 1년 이상 계속되는 경우
잠정적 틱	**지속성(만성) 틱**	**투렛 증후군**

음성 틱
헛기침, 괴성, 외설증,
반향 언어증 …등

투렛 증후군

운동 틱
얼굴 찡그리기,
목 흔들기, 뛰기 …등

1년 미만으로 끝나면
잠정적 틱

한쪽 특성이
1년 이상 계속되면
지속성 틱

양쪽 특성이
1년 이상 계속되면
투렛 증후군

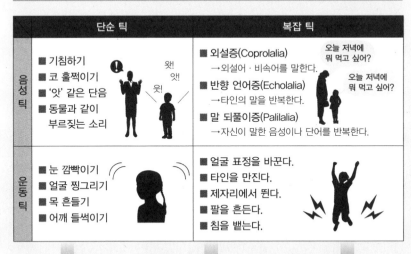

61

틱 장애(TD)

주위의 이해와 환경 정비가 필요하다

틱 장애는 유소년기에 발생하기 쉬워 10대 전반에 특성이 강해지지만 어른이 되면서 눈에 띄지 않게 된다. 하지만 어른이 되어 지속되는 경우도 있으며 사람에 따라서 경과가 모두 다르다고 할 수 있다.

유소년기의 가벼운 잠정적 틱인 경우는 치료하지 않고 경과를 관찰하는 경우가 많다. 그러나 틱 장애는 극도의 긴장이나 심한 스트레스로 발생하여 악화되는 경우가 있기 때문에 심리 교육(18쪽)이나 환경을 정비하는 것이 중요하다.

특히 당사자·보호자·학교 등에서 특성에 대한 이해를 요구하는 것이 필요하다. 의도적인 행위가 아니기 때문에 부모나 교사로부터 '장난을 그만두라'고 질책받으면 스트레스가 심해져 역효과가 난다. 행위에 대해 직접적인 지적을 하지 않도록 주지시키고 스트레스를 줄이는 환경을 정비하는 것이 중요하다.

또 스트레스로 발생한다고 설명했지만 그 바탕이 되는 것은 어디까지나 뇌 기능의 장애이다. 종종 부모의 과도한 훈육이 원인이라고 오해하는 경우가 있지만 이것도 잘못된 정보이다. 지원하는 가족이 오해로 힘들어하거나 육아 포기 등으로 발전하지 않도록 주위 사람들도 포함하여 올바른 심리 교육이 요구된다.

지속성 틱이나 투렛 증후군 등이 오래 지속되면 당사자가 받는 부담도 크다. 2차 장애(78쪽)로 우울증(98쪽)이나 불안 장애(102쪽)가 발병하는 경우도 있으므로 이런 경우의 케어에 대해서도 생각할 필요가 있다.

그 외에 중증의 투렛 증후군에 대해서는 약물 요법을 병행하기도 한다. 또 습관 역전법(Habit Reversal)이라는 행동 요법으로 증상의 완화를 꾀하기도 하나 아직 일본에 많이 보급되지 않아 일반적인 치료법은 아니다.

틱 장애와 투렛 증후군의 경과

4~6세

특성이 나타나기 쉬운 시기

10~12세

특성이 강해지기 쉬운 시기

청소년기

이 시기부터 특성이 줄어들지만 때로는 특성이 더 심해져 가는 경우도 있다

아동의 틱 장애는 10명에 1~2명 결코 드물지 않은 증상이다.

투렛 증후군은 1,000명에 3~8명

부모의 훈육이나 아이의 성격과는 관계가 없다

틱 장애는 본인의 의사와는 상관없이 발생한다. 장난이 심하다고 오해 받는 경우가 많아 당사자는 상당히 괴롭고 힘든 특성이다. 가족을 비롯해 주위의 이해와 협력을 구하는 것이 중요하다.

공인심리사의 조언 | **'일부러 하는 것이 아니다.'라는 주위의 이해가 필요하다.**

틱은 많은 아이나 어른에게 보이는 것으로 특별한 장애는 아니다. 틱 장애에는 다양한 것이 있다. 아이들이 집단으로 활동하는 장소에서는 한 아이에게 틱이 보이면 다른 아이에게도 똑같은 틱이 보이는 경우도 있다.

틱이 오래 지속되는 '투렛 증후군'의 경우 운동성 틱, 음성 틱 등 다양한 증상이 나타난다. 당사자는 특성이 겉으로 보이기 때문에 고민이 많아진다. 주위 사람들은 '일부러 그러는 것이 아니다.'라는 것을 이해하고 받아들인 후 대응할 필요가 있다.

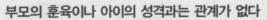

63

틱 장애(TD)

섬세한 아이들

귀마개를 하는 아이

지난번에 한 보육원에 들렀을 때의 일이다. 급식 시간이었는데 한 남자아이가 귀마개를 하고 식사하고 있었다. 왜 귀마개를 하는지 선생님에게 물어봤더니 본인이 하고 싶어 한다는 것이었다. 좀 더 자세히 물어보니 '주의가 산만해지기 쉬운데 귀마개를 하면 침착하게 먹을 수 있다'는 것이었다. 나이를 물어보니 4살이라고 했다.

이 아이 외에도 각 반에 귀마개를 한 아이들이 몇 명씩 있다고 한다. 왜 그렇게 되었는지 물어보니 작년까지 자폐 경향이 보여 소리에 민감한 아이가 있었고, 그 아이가 하고 있던 귀마개에 주위 다른 아이들이 관심을 가지게 된 것이 이유라고 했다. 관심을 가진 아이들 중에서 소수이기는 하지만 소리를 차단하는 것이 마음에 들었던 아이들이 나왔고 그래서 그런 아이들의 희망 사항에 맞춰 귀마개를 준비한 것이었다.

귀마개 효과에 대해서는 분명하지는 않았지만 소리에 민감한 아이에게는 효과적이라고 한다. 이 보육원에서는 점심 식사 후에 짧은 시간이지만 사무실을 일부 아이들에게 개방하고 있다. 사무실은 시끄럽지 않아서 아이들 중에는 사무실을 좋아하는 아이들이 있다고 한다. 조용한 곳이 마음 놓고 놀 수 있다는 것이었다.

감수성이 강한 'HSP'

HSP(Highly Sensitive Person)는 감수성이 매우 강한 사람을 말한다. 소리나 냄새와 같은 감각이 예민해서 보통 사람 이상으로 강하게 느낀다. 때문에 생활에 지장을 초래하는 경우도 있는데 보통 5명 중 1명꼴로 있다고 한다. 귀마개를 하는 아이, 친구와 같이가 아니라 혼자 놀기 좋아하는 아이는 소리나 사람의 움직임에 민감하게 반응하는 것일지도 모른다.

지금 아이들의 주거 환경은 대부분 조용할 것이다. 왜냐하면 형제자매의 수가 많지 않고 외동인 경우도 있기 때문이다. 그렇다면 집 안은 항상 조용함으로 가득 차 있을지도 모른다. 그런 경우 어린이집과 같이 사람이 모이는 장소를 너무 시끄럽다고 느낄 가능성이 있다. 아이들이 모이면 서로 흥분해서 기운차게 웃거나 움직임이 생긴다. 그러나 요즘 아이들의 풍경은 반드시 그렇다고 할 수 없을 것 같다.

선택적 주의

아이는 성장하면서 주위 자극에 영향을 받지 않고 자신의 관심과 흥미가 있는 것에 집중하는 힘을 길러 간다. 이러한 힘을 '선택적 주의'라고 한다. 이 힘을 기르지 않으면 주의력이 산만해지고 지속력도 약해진다. 아이들끼리 서로 접하는 것이 선택적 주의의 힘을 늘리는 면도 있을 것이다. 귀마개를 한 아이가 앞으로 어떻게 될지 지켜보고 싶다.

섬세한 아이들

06 일부의 학습 기능을 획득하기 어렵다
국한성 학습 장애(SLD)/
학습 장애(LD)

'노력 부족'이라고 오해받기 쉽다

국한성 학습 장애(SLD)란 지적 장애(48쪽)와 같은 지적 발달에는 문제가 없음에도 불구하고 기본적인 학습 능력이 현저하게 떨어지는 특성을 가진 장애이다.

종종 학습 장애(LD)라고도 부르는데 의학적 정의와 교육적 정의에 차이가 있다. 의학적 정의로는 '읽기(난독증)·쓰기(난서증)·계산(난산증)'으로 한정되어 있지만 교육적 정의로는 이 3종류에 더해 '듣기·말하기·추론하기'가 포함되어 있다. 이런 능력 중 하나만 잘 못하는 경우도 있는가 하면 여러 개를 잘 못하는 경우도 있다.

국한성 학습 장애는 학습할 기회를 통해 처음으로 알게 되기 때문에 유아기의 경우는 일상생활에 큰 지장이 보이지 않아 알기 힘든 장애라 할 수 있다. 취학 후 학년이 올라가면서 눈에 띄게 되며 일부 교과에 있어서는 수업을 따라가기 힘들어진다.

특정 학습만 잘 못한다는 점에서 종종 '노력 부족'으로 오해받기 십상이다. 하지만 국한성 학습 장애는 뇌 기능에 의한 장애로 학습이 뒤쳐지는 아이 본인의 잘못이 아니다. 아무리 열심히 공부를 하려고 해도 효과가 보이지 않아 자신감을 잃고 상처받는 경우도 적잖이 있다.

'읽기·쓰기·계산'을 잘 못한다

읽기 장애(Dyslexia)

예…에…엔…날…예…엔…
날…어…느…마을…에…
할 …아…버지…하…고…할
…머…니가…

- 글자 식별에 시간이 걸려 한 글자씩 '더듬더듬' 읽게 된다.
- 읽고 있는 부분을 잘 몰라 줄을 건너뛰거나 똑같은 곳을 다시 읽곤 한다.
- '가'와 '카' 등 비슷한 글자를 잘못 읽는다.
- 쓰여 있는 단어의 뜻을 파악하기 힘들다.… 등

일상 대화는 유창하게 하지만 교과서 등에 쓰여 있는 글자를 잘 못 읽는다. 글자나 단어·문장을 순간적으로 식별하지 못해 내용의 이해가 어려워진다.

쓰기 장애(Dysgraphia)

악어

숲

- '곰'과 '꼼'과 같이 비슷한 글자를 잘못 쓴다.
- 좌우가 반전된 거울 글자를 써 버린다.
- 글자의 균형이나 배치를 잘 못한다.
- 문법 오류가 많다.… 등

글자를 형성하는 능력이나 공간 파악이 서툴기 때문에 머리에 상기한 글자를 맞게 쓰지 못하거나 본 글자를 제대로 옮겨 쓰지 못한다.

산수 계산 장애(Dyscalculia)

20+50=?

70!

음…?

1개 20원 하는 귤과 1개 50원 하는 사과가 있다. 귤과 사과를 하나씩 사면 전부 얼마지?

- 수를 정확히 세지 못한다.
- 계산은 할 수 있지만 문장으로 문제를 만들면 대답하지 못한다.
- 그래프를 못 읽는다.
- 추론을 잘 못한다.… 등

수의 순서나 계산 등 산수와 관련된 능력이 떨어진다. 암산은 할 수 있지만 필산은 못하고, 눈금의 숫자가 없는 부분을 읽을 수 없는 등 잘 못하는 능력에 따라 치우침이 보인다.

국한성 학습 장애(SLD)/학습 장애(LD)

가족과 교육 현장 두 측면에서 지원

국한성 학습 장애가 있는 아이를 대할 때 중요한 것은 주위 어른들의 '하면 된다'는 안일한 인식을 바꾸는 것이다. 서투른 공부 방법을 반복해도 학습 효과를 기대할 수 없다. 오히려 자신감을 잃어버리고 등교 거부나 우울증과 같은 2차 장애(78쪽)를 야기할 우려가 있다.

그럴 때는 아이가 어떤 문제를 안고 있는지를 명확하게 파악한 후에 그 증상에 맞는 지원과 방법을 생각하여 학습을 적극적으로 할 수 있는 환경을 정비해 가는 것이 중요하다. 예를 들어, 난독증인 경우는 글자 모양을 인식하기 쉬운 UD(유니버설 디자인) 폰트 교재를 사용한다, '꽃이/예쁘게/피었다' 같이 한 덩어리의 어구마다 슬래시와 스페이스를 넣는 등의 방법으로 쉽게 읽게 되기도 한다. 또 난산증인 경우는 2자리 이상의 계산에서 혼란스럽지 않게 자리별로 숫자의 색을 구분한다, 복잡한 계산이 느는 고학년부터는 계산기 사용 등의 방법도 있다.

이런 방법을 지원할 때는 가정뿐만 아니라 교육 현장의 이해도 필요하다. 따라서 국한성 학습 장애를 가진 아이는 보통 학급에서 배울 수도 있지만 특별 지원 학급에서 배울 수도 있다. 그 외에도 보통 학급에 재적하면서 일주일에 몇 시간만 개별이나 소규모 집단으로 수업을 하는 통급 지도 교실의 지원을 받는 방법도 있다. 어떤 경우든 교사와 교육 지원 요원에 대한 연수, 부모에 대한 심리 교육(18쪽)을 실시하여 학습하기 쉬운 환경을 갖추어 간다.

한편 아이에게는 가능한 일이나 잘하는 일을 살려서 잘 못하는 것을 보완하는 장점 활용형 지도를 한다. 국한성 학습 장애를 가진 아이는 학습의 성공 경험이 적으므로 간단한 것부터 조금씩 진행하는 슬로 스텝으로 학습을 거듭하고 칭찬하면서 늘도록 학습 의욕을 높일 수 있다.

국한성 학습 장애를 대하는 방법과 지원 일례

괜찮아.
어디를
모르겠어?

아이가 잘 못하는 부분을 찾아낸다

'하면 된다', '더 열심히 공부해라'와 같이 아이를 혼내는 것은 금물이다. 특정 교과가 뒤쳐진다면 그 안에 잘 못하는 것이 들어 있기 때문이다. 적절한 환경을 정비하기 위해 잘 못하는 부분을 빨리 알아차릴 수 있도록 신경을 쓴다.

글자의 배치나
균형을 잘 못 잡는
아이에게는 칸이
큰 노트를

아이에게 맞는 교재를 사용한다

소리 내서 읽는 것을 잘 못한다면 읽을 범위에만 집중할 수 있도록 상하좌우의 글을 가린 시트를 준비한다. 글자의 균형을 잘 못 맞춘다면 칸이 큰 노트를 마련하는 등 증상에 맞춘 교재를 사용함으로써 학습할 때 집중력이 끊기지 않도록 한다.

짖었어!

그래
개가
짖었지.

부모도 올바른 문법을 써서 말한다

말하는 것을 잘 못하는 아이는 먼저 주위 어른들이 올바른 어법으로 아이를 대하도록 신경 쓴다. 아이가 하는 말을 부정하지 말고 바른 문법이나 어순으로 다시 말하는 등 말하는 방법의 규칙을 이해시켜 가면 주어가 빠지는 등의 문제가 눈에 띄지 않게 된다.

공인심리사 의 조언

학습 의욕을 꺾지 않도록 지원해 가는 것이 포인트

사람의 능력은 다양하기 때문에 사람마다 서로 잘하는 것과 잘 못하는 것이 다르다. 국한성 학습 장애는 그 다양한 사람의 모습을 반영하는 것이라고도 할 수 있다.

다양한 능력은 어렸을 때뿐만 아니라 이후 성장함에 따라 발휘되는 경우도 있다. 뭔가 잘 못하는 것이 있다고 해도 다른 것이 매우 뛰어날 가능성도 있다. 그 가능성을 짓밟지 않도록 하기 위해 학습(배우는 것)을 잘 못한다는 의식을 갖지 않도록 지원하는 것이 포인트이다. 못하는 것에만 신경 쓰지 말고 사람을 크고 폭넓게 보는 것이 중요하다.

07 대인 관계에 문제를 안고 있는 장애
의사소통 장애(CD)

말할 때 문제가 생긴다

의사소통 장애(CD)는 언어, 대화, 사회적 의사소통을 하는 데 어려움이 있는 장애를 말한다. 일본에서는 젊은 세대를 중심으로 '커뮤증'이라는 말을 사용한다. 하지만 이 '커뮤증'은 단순히 대인 관계가 서투른 것을 의미하는 속어로 사용되는 것으로, 발달 장애 중 하나인 의사소통 장애와는 근본적으로 다르다.

의사소통 장애의 증상은 오른쪽 그림과 같이 5가지로 분류할 수 있다. 언어 습득이 곤란한 '언어 장애', 말의 발성이 어려운 '발성 장애', 말이 부드럽게 나오지 않는 '소아기 발병 유창성 장애(말더듬)', 사회적 상황에 맞춘 의사소통이 힘든 '사회적(화용론적) 의사소통 장애', 그 외에 해당하는 '특정 불가능 의사소통 장애'이다.

발성 장애나 소아기 발병 유창성 장애는 언어 능력 자체는 정상임에도 불구하고 막상 말을 하려고 하면 상대에게 잘 전달할 수 없는 장애이다.

놀림을 당하는 것을 우려해 주위와 의사소통하는 것을 포기한 결과 모든 의욕이 저하되어 학업 부진에 빠지는 경우도 있다. 성장하면서 자연히 증상이 개선되는 경우도 많지만 사회에 나와서도 대인 관계에 대한 불안이 이어지기도 한다.

의사소통 장애의 5가지 분류

특성: 언어·대화·의사소통에 어려움이 생기는
　　　특성으로 5가지로 분류된다.

나도 커뮤증이라
반 바뀌는 거
정말 귀찮아~

 속어인 '커뮤증'과는 근본적으로 다르다

언어 장애

■ **어휘·구문·문법 등의 습득과 사용에 지속적인 어려움이 있다.**

동 연령대와 비교하여 말하기·쓰기·수화 등에 사용하기 위한 언어의 습득이 현저히 떨어진다. 유전적인 원인이 많아 가족도 언어 장애를 갖고 있는 경우가 있다.

사용 가능한 어휘가 적다.
돌려 말하는 패턴이 적다.
문장 구성을 잘 못한다.… 등

발성 장애

■ **언어 능력은 정상이지만 말을 올바르게 발성하는 것이 어렵다.**

동 연령대와 비교하여 말의 소리(어음)를 명료하게 발성하는 능력이 현저히 떨어진다. 언어 능력은 정상이지만 발성 장애를 가진 사람이 말하는 내용을 이해하는 것은 매우 어렵다.

소아기 발병 유창성 장애(말더듬)

■ **말을 처음 꺼낼 때나 대화 중에 말이 부드럽게 안 나온다.**

연발	신발	난발
음성이나 음절을 반복한다	자음이나 모음의 음성이 늘어난다	무음 상태. 음성이 뭔가에 걸린다
아, 아, 안녕	아ーー녕	……안녕

사회적(화용론적) 의사소통 장애

■ **대화 능력은 충분하지만 사회적 상황에 맞는 의사소통이 어렵다.**

① 사회생활을 하는 데 있어 적절한 의사소통이 어렵다.(인사를 한다/정보를 제공한다 등)
② 상황이나 상대에 맞는 의사소통이 어렵다.(친구와 선생님에 따라 말투를 바꾼다 등)
③ 대화의 사회적 규칙을 따르는 것이 어렵다.(맞장구를 친다/오해 받았을 때 다른 말로 바꿔 말한다 등)
④ 애매한 말이나 상황에 따른 여러 의미를 가지는 말의 해석이 어렵다.(관용구/유머/은유 등)

특정 불가능 의사소통 장애

■ **위의 특성에 해당하지는 않지만 일상생활에 있어서 의사소통이 어렵다.**
■ **진단 기준은 충족하지 않지만 위에서 말한 특성 대부분이 보이는 경우**

의사소통 장애(CD)

말하는 방법을 부정하지 않는다

의사소통 장애는 각각의 증상이 다르기 때문에 하나로 묶지 말고 각 증상에 따른 지원을 생각하는 것이 중요하다.

예를 들어 소아기 발병 유창성 장애를 갖고 있는 아이에게는 긴장을 풀고 말할 수 있도록 신경을 쓴다. 빠른 말투로 말을 걸면 상대도 '똑같은 템포로 말하는 게 좋다'고 생각해 마음이 조급해진다. 천천히 끊어가면서 말을 걸도록 하자.

그런데 '천천히 말하면 된다'는 것이 상대에게 역효과를 불러일으키는 경우가 있으므로 주의해야 한다. 오히려 긴장해서 목소리가 안 나오는 경우도 있으므로 말이 나올 때까지 기다려 준다. 이런 환경을 가정 안에 조성할 뿐만 아니라 주위나 학교에도 증상에 대한 이해를 구하는 것이 중요하다.

그 외에도 언어 장애와 발성 장애에 대해서는 언어청각사를 통한 언어 요법으로 증상 개선을 기대할 수 있다. 또 가족 요법을 통해 언어의 발달을 지원하는 환경을 조성하는 방법도 있다. 사회적(화용론적) 의사소통 장애를 가진 아이는 애매한 표현을 잘 이해하지 못하고 말을 문자 그대로 받아들이는 경우가 있다. 관용구나 농담 등을 피하고 구체적인 말을 고르도록 한다.

또 모든 증상에 대한 공통적인 대처법은 면전에서 부정하지 않는 것이다. 뜻한 대로 말을 잘 못하는 답답함은 누구보다 당사자가 가장 많이 느끼고 있다. 열심히 전하려고 하는데 이를 부정당하면 자존감이 떨어져 의사소통을 하려는 의욕을 빼앗겨 버린다.

그들의 언동이 뭔가 문제를 일으켰을 때는 어떤 점이 문제였는지 이유를 알기 쉽게 전달하려고 노력하자.

의사소통 장애를 대하는 방법과 지원

언어 장애

대화를 잘 못하는 장애이기 때문에 주위에서 고립될 가능성이 있다. 주위의 이해를 구하고 당사자의 마음 케어도 하면서 사회에 나가기 위한 지원이 필요하다.

발성 장애

7~8세 무렵이 되면 정확하게 말할 수 있게 되는 경우가 많다. 그러나 이 나이를 넘겨도 증상이 계속되는 경우는 언어 요법 등 적절한 치료가 필요하다.

소아기 발병 유창성 장애(말더듬)

긴장이나 스트레스가 심해지면 증상이 나오기 쉬우므로 긴장을 풀 수 있는 환경을 조성한다. 과도하게 지적하거나 놀리지 않도록 학교나 주위의 이해를 구한다.

사회적(화용론적) 의사소통 장애

SST(사회 기술 훈련)와 같은 행동 요법으로 사회생활을 하기 위한 기술 습득을 지향한다. 또 언어 장애나 ADHD가 공존하지 않는지 확인한다.

자폐 스펙트럼 장애의 사회적 의사소통 장애와는 다르다

사회적(화용론적) 의사소통 장애는 자폐 스펙트럼 장애의 사회적 의사소통 장애와 비슷하지만 다른 증상으로 구분한다. 또 그 외에도 의사소통이 곤란한 정신 장애가 많이 있기 때문에 진단 시 잘 구별할 필요가 있다.

CD와는 다른 주요 질환

청각 장애	장면 함구증	약의 부작용
지적 발달증	구음 장애	
투렛 증후군	사회 불안 장애	

공인심리사의 **조언**

필담이나 기계 음성 등 안 되는 능력을 보완하기 위한 수단을 찾는다

말을 사용하는 대화에는 '말을 듣고 이해하는 것'과 '말을 사용해 상대와 의사소통을 하는 것', 이 두 가지 측면이 있다. 의사소통 장애는 두 측면 중 어느 한쪽에, 또는 양쪽 모두에 문제가 있는 경우가 있다.

그런데 의사소통은 일반적인 대화 외에도 문자나 점자, 기계 음성 등 다양한 의사소통 수단이 있다. 어느 한 능력에 문제가 있다면 이를 보완할 수단을 찾자. 또 듣는 사람은 '말의 정확성'이 아니라 상대가 '전하고 싶은 내용'을 받아들일 생각으로 이야기를 듣는 것도 중요하다.

08 극단적 서투름·자해 행위·반사회적 행위
기타 증상

'단순한 서투름'과는 다르다?

지금까지 소개한 증상 외에도 어릴 때 발생하기 쉬운 증상으로 발달성 협응 장애(DCD)나 상동적 운동 장애(SMD)가 있다.

발달성 협응 장애는 연령과 지능에 반해 협조 운동 능력이 떨어지는 장애이다. 협조 운동이란 예를 들어 줄넘기와 같이 '손으로 줄을 돌리고 그 타이밍에 맞춰 발로 뛰어오른다'의 경우 따로따로 움직이는 기능을 연동시켜 하나의 행위로 합치는 운동을 말한다. 동 연령대 아이들과 비교하여 협조 운동 능력이 현저히 떨어지는 경우는 '단순한 서투름'이 아니라 발달성 협응 장애일 가능성이 있다. 단, 어렸을 때는 성장의 차이가 커서 운동을 잘하고 못하는 것이 단순한 성장의 차이로 인한 것일 수도 있으므로 장애인지 아닌지는 신중히 판단해야 한다.

한편 상동적 운동 장애란 상동적 행동(목적 없이 행동을 반복하는 것)과 관련된 장애이다. 상동적 행동의 종류는 작은 움직임부터 큰 움직임까지 다양하며 그 운동 내용에 따라서는 문제시되지 않는 경우도 있다.

하지만 그중에는 다른 사람을 끌어들이거나 자해 행위로 발전하는 것도 있다. 그런 상동적 행동을 보이는 경우 일상생활이나 사회생활에 큰 지장을 초래하기 때문에 적절한 치료와 개입이 필요하다.

발달성 협응 장애(DCD)

특성: 각각의 신체 능력에는 문제가 없는데 협조 운동 능력이 현저히 떨어진다.

> 협조 운동 = 여러 동작을 연동시켜 원활한 운동을 하는 것

■ **손가락을 사용하는 것이 서투르다.**
- 연필이나 가위와 같은 문구·도구를 잘 못 다룬다.
- 물건을 자주 떨어트린다.
- 단추를 잘 못 채운다.
- 신발끈을 잘 못 묶는다.… 등

■ **몸을 움직이는 것이 서투르다.**
- 걸음걸이·달리기 폼이 이상하다.
- 장애물이 없는 데도 자주 넘어진다.
- 체조나 놀이가 서투르다.
- 공을 잘 못 던진다.… 등

대응 방법과 지원 예

■ 잘 못하는 것을 극복하는 것만 고집하지 말고 편리한 도구를 활용한다.

■ 다른 아이와 비교하지 말고 단순히 몸을 움직이는 것을 즐길 기회를 만든다.

발달성 협응 장애에 대한 개입은 작업 요법이 중심이다. 아이의 경우 놀이 등을 통해 즐기면서 협조 운동을 지원한다. 또 증상을 알리지 않았기 때문에 주위에 대한 이해나 당사자의 마음의 케어도 필요하다.

상동적 운동 장애(SMD)

특성: 뭔가에 쫓기는 것처럼 목적 없는 행동을 반복한다.

- 팔을 계속 돌린다.
- 손을 털털 턴다.
- 손을 쥐었다 폈다 한다.
- 머리나 상반신을 앞뒤로 흔든다.
- 폴짝폴짝 뛴다.
- 제자리에서 돈다.
- 같은 곳을 어슬렁거린다.… 등

⚠ 자해 행위를 동반하는 경우도 있다
- 자신의 손가락이나 입술을 깨문다.
- 벽에 머리를 박는다.
- 자신의 뺨을 때린다.
- 자신의 눈을 찌르려고 한다.… 등

대응 방법과 지원 예

■ **다른 행동으로 바꾼다.**

자해 등 피하고 싶은 행동이 보이는 경우 완충재(뽁뽁이)를 건네 터트리는 행위로 바꾸도록 하는 방법이 있다.

■ **행동의 지시나 조건을 붙인다.**

상동적 운동 장애에 대한 개입에서는 심리 요법 중 하나인 행동 요법을 한다. 관찰이나 면접을 통해 문제가 되는 상동적 행동을 명확히 파악한 다음 본이 되는 바람직한 행동을 보여줘서 따라하도록 함으로써 올바른 행동을 습득하게 한다.

발병 연령이 낮으면 증상이 악화되기 쉽다

그 외에도 주의해야 할 정신질환으로 행위 장애(CD)가 있다. 행위 장애란 반사회적, 공격적 행동 등을 몇 번이나 반복하는 것으로 품행 장애라고도 한다. 오른쪽 그림에서도 소개하고 있는 '타인이나 동물에 대한 공격', '물건 파괴', '거짓말이나 절도', '규칙 위반'과 같은 4가지 패턴으로 나뉘는데 이러한 증상이 반복되면 행위 장애로 의심할 만하다. 발병 연령에 따라 2가지 타입으로 나뉘는데 10세 미만인 경우는 소아기 발병형, 10세 이상인 경우는 청소년기 발병형으로 분류한다. 발병 당시는 거짓말이나 욕처럼 가벼운 문제 행동이 계속되지만 증상이 오래 가면서 잔혹성이나 반사회성이 강해진다.

청소년기 발병형은 증상이 가벼운 경우가 많고 성인이 되면서 쉽게 치유되는 경향이 있다. 한편 소아기 발병형도 3분의 2가 성인이 되면 낫는다고 하지만 발병 시기가 이를수록 문제 행동이 길어져 법적 분쟁을 일으킬 우려가 있다. 또 주의력 결핍 과잉 행동 장애(56쪽)에서 충동성이 눈에 띄는 타입은 행동 장애가 공존하는 경우가 많다고 한다. 주의력 결핍 과잉 행동 장애에는 욕이나 폭력 행동 등을 하는 반항 도전성 장애라는 2차 장애(78쪽)가 있는데 이 장애가 악화됨으로써 행동 장애를 일으킬 가능성이 있다고 여겨진다.

행동 장애의 치료법으로 본인에 대한 행동 요법(SST 등)과 보호자에 대한 심리 교육(18쪽)이나 부모 교육(PT)을 실시한다. 단 치료 전에는 보호자 자신에게 문제가 없는지를 반드시 확인해야 한다. 왜냐하면 행동 장애의 환경 요인으로 방치나 과잉 훈육 등 가정 환경의 문제를 생각할 수 있기 때문이다. 이런 경우 당사자를 가족으로부터 떼어 놓고 적절한 환경에서 보호하는 등의 방법을 취할 수도 있다.

행동 장애(CD) · 품행 장애

특성: 반항적 · 반사회적 · 공격적 행동을 6개월 이상 반복한다.

■ 다른 사람이나 동물을 공격한다

- 타인 · 어른에 대한 말투가 나쁘다.
- 괴롭힘, 협박, 위협적인 행동을 한다.
- 싸움을 자주 한다.
- 방망이나 칼 등의 흉기를 사용한다.
- 동물에 대해 잔학 행동을 한다.… 등

■ 물건을 파괴한

- 타인의 소유물을 부순다.
- 자동차나 건물의 창문을 깬다.
- 방화를 한다.… 등

77

■ 거짓말을 한다, 물건을 훔친다

- 계속해서 거짓말을 한다.
- 타인의 소유지에 무단으로 침입한다.
- 타인의 물건이나 가게의 물건을 훔친다.
  … 등

■ 규칙을 어긴다

- 수업을 빼먹는다.
- 학교를 무단 결석한다.
- 교칙을 어긴다.
- 통금 시간에 돌아오지 않는다.
- 가출을 한다.… 등

> #### 대응 방법과 지원 예
>
> **■ 개별적으로 부모 교육(PT)을 실시한다.**
>
> 행동 장애 당사자에 대해서는 사회성 기술을 익히는 SST(사회 기술 훈련)를 실시하고 보호자에 대해서는 부모 교육(PT)을 통해 당사자에 대한 대처법을 습득시킨다.

기타 증상

공인심리사의 조언 | **발달성 협응 장애의 경우는**
운동을 싫어하지 않을 방법을 궁리한다

발달성 협응 장애에서 중요한 것은 몸을 움직이는 것을 싫어하지 않도록 하는 것이다. 다른 아이들과 비교하지 말고 당사자의 속도에 맞춰 능숙해진 부분을 평가해 준다. 또 가족끼리 축구나 야구를 관전하는 등 '보고 즐기는 것'을 통해 운동에 대한 흥미를 갖도록 할 수도 있다.

한편 행동 장애는 가정 환경이 원인인 경우도 있다. 반항적인 언동은 애정을 갈구하는 반대 표현일지도 모른다. 가족은 가정 환경과 함께 아이의 신호를 놓치지 않도록 주의한다.

09 주위의 이해가 부족하면 새로운 정신 장애가 발현된다
발달 장애와 2차 장애

내재화 장애와 외재화 장애

발달 장애 아이들은 성장해 가는 과정에서 새로운 정신질환이 발병되는 경우가 있는데 이를 2차 장애라고 한다.

발달 장애는 그 특성 때문에 주위에서 받아들여 주지 않아 마음의 상처를 입을 기회가 적지 않다. '다른 아이들은 할 수 있는 것을 나는 못한다'는 열등감이나 '집단생활에 적응이 안 된다'는 고독감 등 다양한 어려움이 겹쳐 정신적으로 내몰린 결과 다른 정신질환이 발병하는 형태로 나타나는 것이다.

2차 장애는 크게 내재화 장애와 외재화 장애로 나눌 수 있다. 내재화 장애는 자신이 품고 있는 갈등이 자기 자신을 향해 나타나는 증상이다. 대인 공포나 은둔, 심신증, 불안 장애(102쪽), 우울증(98쪽), 양극성 장애(94쪽) 등 다양한 증상이 있다. 한편 외재화 장애는 정신적인 갈등이 타인을 향한다. 폭력, 가출, 반사회적 행위 등을 들 수 있는데 76쪽에서 소개한 행동 장애나 반항 도발증/반항 도전성 장애도 외재화 장애이다. 발달 장애를 갖고 있는 모든 아이에게 이차 장애가 나오는 것은 아니다. 하지만 빠르면 유아기부터 자지러지거나 폭언 등과 같은 증상이 나타난다. 발달 장애의 초기 요육은 이차 장애 예방으로도 이어지기 때문에 적절한 지원과 함께 주의 깊게 관찰할 필요가 있다.

발달 장애 때문에 일어날 수 있는 2차 장애

발달 장애(선천적)

- 자폐 스펙트럼 장애(ASD)
- 주의력 결핍 과잉 행동 장애(ADHD)
- 국한성 학습 장애(SLD)… 등

문제 행동으로 고립되어 정서적으로 불안정해진다

생애 주기에 따라 발병하기 쉬운 2차 장애는 다르다. 유아기, 아동 초기는 폭언·자지러짐·고집 등과 같은 부적응 행동이 눈에 띈다. 그 결과 주위와 고립되어 아동 후기, 사춘기에는 자존감 저하·무기력 등과 같은 정서적인 면이 불안정해지기 쉽다.

역경의 체험

학대 빈곤 괴롭힘 고립

환경이 조성되지 않으면 마음의 상처가 늘어간다

발달 장애 아이에 대해 적절한 지원이 이루어지지 않거나 가정 환경이 좋지 않으면 힘든 경험을 할 우려도 있다.

단, 역경의 체험을 극복하고 성숙해져 더 높은 인격 경향을 획득하는 계기가 되는 경우도 있다.

2차 장애(후천적)

발달 장애(선천적)

- 자폐 스펙트럼 장애(ASD)
- 주의력 결핍 과잉 행동 장애(ADHD)
- 국한성 학습 장애(SLD)… 등

나타나는 정신 장애는 사람마다 다르다

열등감, 고독감, 쏟을 곳이 없는 화 등 온갖 힘든 것들을 계속 품고 산 결과 정신질환이 발병하는 형태로 2차 장애가 나타난다.

등교 거부 은둔 비행
수면 장애 우울증 불안 장애
자지러짐 의존증
행동 장애 반항 도전성 장애

2차 장애는 아이로부터의 SOS

2차 장애가 발병하는 원인은 환경

발달 장애의 2차 장애는 실패나 좌절을 여러 번 반복한 결과 발병하는 경우가 많다.

예를 들어 ADHD의 과잉 행동에는 '오랜 시간 한 자리에 앉아 있지 못한다'는 증상이 있다. 수업 시간에 차분하지 못한 채 돌아다녀서 선생님에게 혼나고, 그래도 증상을 억누를 수 없어서 돌아다니면 다시 혼난다. 학교에서 연락을 받은 부모에게도 혼나고 어떻게 하든 열심히 하려고 해도 역시 참을 수가 없어 돌아다니고 만다. 이런 악순환을 되풀이하는 중에 마음이 피폐해져 상처를 입고 정신질환이 발병하는 것이다.

이 경우에 주의할 것은 '발달 장애가 2차 장애를 초래하는 것이 아니다'라는 점이다. 2차 장애를 불러일으키는 것은 발달 장애의 증상이 아니라 증상을 이해하지 못하는 주위 환경이다. 2차 장애를 막기 위해서는 적절한 환경 조성이 필수불가결하다. 인적 환경(부모·교사 등)과 물적 환경(집·학교 등)이라는 두 가지 환경과 당사자인 아이와의 상호 관계에 눈을 돌려 아이의 부담을 줄이는 환경을 만드는 것이 중요하다.

주위의 이해를 구하고 증상에 맞춘 환경을 만들어 가는 것은 발달 장애의 증상을 완화할 뿐만 아니라 2차 장애의 예방으로도 이어진다. 발달 장애와 마찬가지로 2차 장애도 조기 발견이 중요하다. 특히 유아기 등에 알게 되어 증상에 맞는 환경을 마련하면 장기적 예후로 증상을 완화하는 효과와 심리와 정서적 발달을 촉진하는 효과를 기대할 수 있다.

또 2차 장애가 발병한 경우는 증상에 맞는 치료를 한다. 우울증이나 불안 장애 등 대표적인 정신질환의 치료법은 3장에서 설명하겠지만, 2차 장애의 치료는 요인이 되는 환경이나 대인 관계가 중심이 된다. 2차 장애의 증상뿐만 아니라 발달 장애의 증상에도 눈을 돌릴 필요가 있다.

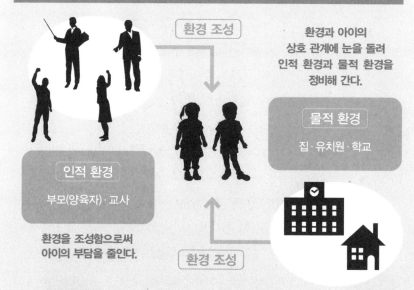

2차 장애를 예방하기 위한 환경 조성이 중요하다

환경 조성

환경과 아이의
상호 관계에 눈을 돌려
인적 환경과 물적 환경을
정비해 간다.

물적 환경

집·유치원·학교

인적 환경

부모(양육자)·교사

환경을 조성함으로써
아이의 부담을 줄인다.

환경 조성

포괄적인 노력이 중요하다

발달 장애를 갖고 있는 아이에 대한 지원이나 이차 장애 예방
은 당사자를 둘러싼 환경을 포괄적으로 정비하는 것이 중요하
다. 인적 환경(부모·교사 등), 물적 환경(집·학교 등)을 연계시
켜 당사자인 아이와의 상호 작용 속에서 환경을 조성해 간다.

어른이 되어서 처음으로 발달 장애였다고 알게 되는 경우도 있다

인간관계가 복잡해지자 증상이 표면화

발달 장애를 깨닫지 못한 채 성장한 결과 사회에 나와서 정신
질환이 발병하여 진단을 받고 처음으로 발달 장애였다고 알게 되
는 경우도 드물지 않다. 이유는 사람마다 다르겠지만 증상이 가
벼웠거나 주위 환경이 축복받았다고 할 수 있다. 하지만 사회인
이 되면 인간관계가 복잡해지고 보다 고도의 사회적 기술을 요
구받는다. 이런 상황에서 그때까지 잠잠했던 증상이 두드러지기
시작해 생활에 지장을 초래하는 경우가 있다고 한다.

10 발달 장애와 관련 깊은 뇌 기능
두 개의 워킹 메모리

정보를 일시적으로 보관·처리한다

근래에 워킹 메모리라는 뇌 기능이 주목을 받고 있다.

워킹 메모리란 작업을 하기 위해 필요한 정보를 일시적으로 뇌에 보관하고 처리하는 기능을 말한다. 단기 기억을 발전시킨 인지심리학의 개념으로 우리말로는 작업 기억 또는 작용 기억이라고도 한다.

워킹 메모리의 종류에는 '언어성 워킹 메모리'와 '시공간성 워킹 메모리'가 있다.

언어성 워킹 메모리는 음성 정보를 처리하는 기능으로 정보를 '마음의 말'로 조작한다(음성 루프). 이 기능이 뛰어난 사람들은 대부분의 정보를 메모하지 않고 기억할 수 있고 머리 속에서 분석할 수 있다. 예를 들어 길을 기억한다고 하면 '현관을 나와서 오른쪽으로 가서~'와 같이 루트를 말로 기억·조작하면서 목적지를 향한다.

한편 시공간성 워킹 메모리는 시각 정보를 처리하는 기능으로 정보를 '마음의 이미지'로 조작한다(시공간 스케치북). 이 기능이 뛰어난 사람은 언어보다 일러스트나 기호로 정보를 기억·분석하는 것을 잘한다. 길을 기억하는 경우는 지도나 표지가 되는 장소를 이미지로 기억해 기억·조작하면서 목적지로 향해 갈 수 있다.

언어성 메모리와 시공간성 메모리

워킹 메모리란?

일시적으로 기억하여 머리 안에서 생각할 때 사용하는 기억을 말한다. 일반적으로 워킹 메모리의 용량은 연령과 함께 늘어난다.

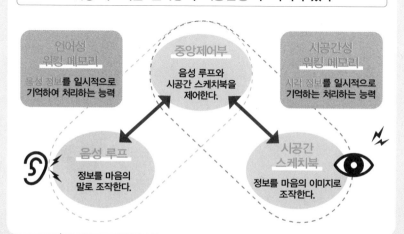

워킹 메모리는 '언어성'과 '시공간성' 두 가지가 있다

언어성 워킹 메모리
음성 정보를 일시적으로 기억하여 처리하는 능력

중앙제어부
음성 루프와 시공간 스케치북을 제어한다.

시공간성 워킹 메모리
시각 정보를 일시적으로 기억하는 처리하는 능력

음성 루프
정보를 마음의 말로 조작한다.

시공간 스케치북
정보를 마음의 이미지로 조작한다.

길을 기억할 때

언어성 워킹 메모리
목적지까지의 루트를 말로 기억한다.

첫 번째 모퉁이를 오른쪽으로 돌고 두 번째 신호에서 왼쪽으로 돌고 오른편에 우체국이 보이면…

시공간성 워킹 메모리
루트를 이미지·장소로 기억한다.

**기억하기 어려운 경우는 언어성과 시공간성,
양쪽의 워킹 메모리를 모두 사용하면 기억하기 쉽다.**

발달 장애와 워킹 메모리의 관계

보통 우리가 자유롭게 대화할 수 있는 것은 워킹 메모리 덕분이다. 상대의 말을 일시적으로 저장하고 이해함으로써 적절한 대답을 유도하고 있는 것이다.

그런데 발달 장애를 가진 아이의 워킹 메모리는 처리 능력이 지체되기 쉬운 경향이 있다고 한다.

언어성 워킹 메모리의 처리가 느려지면 음성 정보를 잘 이해하지 못하고 생뚱맞은 대답을 하거나 물건을 잘 잃어버린다. 시공간성 워킹 메모리의 처리가 느려지면 아날로그 시계를 볼 때 바로 몇 시인지 모르거나 체조나 댄스와 같이 움직임을 기억하는 것이 어려워진다.

또 발달 장애 아이는 동 연령대와 비교하여 메모리의 용량이 적을 가능성도 지적되고 있다. 때문에 처리 능력이 지체되면 불필요한 정보를 식별하여 삭제하는 능력도 저하된다. 그러면 메모리가 바로 정보로 가득 차 용량이 부족하게 되는 것이다.

워킹 메모리의 용량이 부족하면 새로운 정보를 받아들일 수 없다. 주위에서 보면 '말을 잘 안 듣는 사람', '반응이 미적지근한 사람' 등과 같은 인상을 주고 인간 관계에서 문제를 일으킬 우려도 있다.

발달 장애를 가진 사람을 지원할 때 워킹 메모리에 관한 배려도 빼놓을 수 없다. 처리를 잘 못한다는 것, 용량이 적다는 것을 충분히 이해하고 예상되는 문제를 잘 파악하고 지원할 필요가 있다. 예를 들어 여러 개의 지시를 동시에 하면 몇 가지 지시를 잊어버릴 가능성을 생각할 수 있다. 이 경우 하나씩 지시하거나 체크 리스트를 마련하는 등의 대처가 요구된다.

메모리가 부족하면 학습에 영향을 준다

3개의 내용을 이해하게 되는 나이는 7살 무렵

워킹 메모리는 연령과 함께 늘어나서 한 번에 2개의 일을 기억할 수 있는 나이는 4살 무렵, 3개를 기억할 수 있는 것은 7살 무렵이라고 한다. 여러 개를 기억할 수 있게 됨으로써 일의 순서를 정할 수 있게 된다.

체육복으로 갈아 입고 모자를 쓰고 체육관에서 기다리세요.

워킹 메모리가 부족하면 어떻게 될까?

정보

정보

정보

정보

정보

정보

용량이 가득 차 새로운 정보가 들어오지 못한다.

들은 말을 이해할 수 없다.

그 정보가 맞는 정보인지 틀린 정보인지 판단을 할 수 없다.

반항적·도전적 태도로 보이는 경우도 있다.

언어성 워킹 메모리 약

물건을 잘 잃어버린다, 음독을 잘 못한다, 작문을 잘 못한다, 순서대로 설명하는 것을 잘 못한다.… 등

시공간성 워킹 메모리 약

글자를 잘 못 읽는다, 암산이 약하다, 눈 앞에서 본 것을 잘 전달하지 못한다.… 등

발달 장애나 지적 장애가 있는 사람은 언어성 워킹 메모리와 시공간성 워킹 메모리 둘 다를 사용하여 전달하면 기억하기 쉽다고 한다. 뭔가 지시를 내릴 때는 말뿐만이 아니라 사진이나 일러스트 등 시각 정보를 같이 제공하면서 설명하도록 하자.

❝ 아이는 반드시 바뀐다 ❞

아이는 바뀌고 성장한다

갓난아기로 태어난 아이는 서서히 커 간다. 즉 아이는 성장하고 바뀌어 가는 존재이다. 설령 감기에 걸려도 대부분은 자연스럽게 낫는다. 그런 뜻에서도 아이는 한 곳에 머무르지 않는다. 물론 아이들 중에는 병 때문에 스스로 성장하기 어려운 아이들도 있다. 하지만 대부분의 아이들은 같은 곳에 머물러 있지 않는다.

아이들은 그림을 자주 그린다. 그 내용은 나이와 함께 변화를 보여 준다. 분명 성장을 보고 알 수 있는 귀중한 순간이라고 할 수 있다. 그림의 성장으로 아이가 사물을 보는 법, 파악하는 법이 바뀌어 간다는 것을 알 수 있다. 운동하는 아이를 보는 것도 마찬가지이다. 1살 아이는 2살이 되면 다른 움직임을 보여 준다. 5살, 8살, 10살, 나이를 먹어가면서 움직임의 내용은 더 뛰어나게 바뀌어 가는 것이다.

진단은 그 '순간'을 잘라낸 것

변하지 않는 채로 있는 아이는 없다. 성장과 발달 모습을 보여 주면서 바뀌어 간다. 주위 어른들은 아이의 성장을 예측하고 그것을 기뻐한다. 아이의 성장이 주위 사람들을 행복하게 해 주는 존재인 것이다.

하지만 유감스럽게도 발달 장애라고 진단을 받으면 '장애아'라고 인식되어 버리는 일이 적지 않다. 유아기에 받은 진단이 성장한 후에도 고정되어 버리는 것이다. '~증후군'이니까 '~같은 특징이 있다'와 같이 표현되어 버린다. 아이 때 진단받은 병명이 언제까지나 남아 꼬리표처럼 남게 되는 것이 현재 상황이다.

충치와 같은 병이라면 상태에 따라 'C2' 등으로 판단해 그 숫자에 따라 구체적인 치료 방침의 이미지를 잡을 수 있다. 이 판단으로 상태의 악화를 방지하고 치료를 예상해 간다. 똑같은 관점으로 생각하면 전문가에게는 현재의 모습에서 장래를 예측하는 능력이 요구된다. 하지만 발달 장애에 대해서는 장래의 아이의 모습을 명확히 할 수 있는 부분이 적다. 그래서인지 자신의 마이너스 상태만 표현되기 때문에 아이나 청소년은 자신을 긍정적으로 보는 것이 어려워진다.

'진단'이 강요가 되지 않도록

요즘 간호계에서는 헬스 휴머니티라는 개념이 나오고 있다. 이 개념에서는 병을 '질환'이 아닌 '경험'으로 간주한다. 경험을 이해함으로써 힘든 것만 있는 것이 아니다, 자기 나름대로 극복할 마음이 생겨난다. 유아기에 발달 장애의 증상을 보이는 아이는 경험에 의해 바뀌어 간다. 상태가 나빠지는 것은 환경 때문인 것이 많다고 할 수 있다. 어떻게 대하는지 그 방법이 편중되면 상태의 악화를 초래한다. 이것은 발달 장애 때문이 아니라 양육에 문제가 있다고 할 수 있다.

병은 정신적 육체적으로 약한 상태라고 여겨진다. 병명을 들을 때 약자라고 각인되는 것과 같다. 그런 의미에서 발달 장애 진단으로 약자임이 강요된다고 할 수 있다. 진단명을 강요받으면 약자의 인식이 굳어지기 쉬워진다. 최근에는 발달 장애를 재능으로 여기는 경우도 있다. 그래도 특이한 재능이 있는 모습이 들어나는 것은 극히 일부이며 편향된 시선을 바꿀 수 있는 정도는 아직 아니다.

전문가는 아이를 틀에 맞춰 진찰한다

진단명을 붙이면 전문가는 아이를 틀에 맞춰 이해하려고 한다. 하지만 아이는 어른이 이해할 수 없는 것을 말하고 행동하는 법이다. 시끄럽고 가만있지 못하는 것이 본성이다. 그런 거슬리는 행동을 하는 아이에 대해 어른이 잘 모르니까 '발달 장애'라고 이름을 붙인 것일지도 모른다. 물론 아이는 작은 어른은 아니다. 다양한 경험을 쌓으면서 어른이 되기 위한 성장을 거듭하는 존재이다. 빠진 부분이 있는 것은 당연하다.

물론 '장애'라고 할 수 있는 상태의 아이도 있다. 특별한 배려가 필요하고 아이의 상태에 맞춰 적절한 대응이 필요하다. 그러나 사람을 적절히 구분하는 것은 어렵다. 왜냐하면 사람에 따라 구분 방법이 바뀌기 때문이다.

사람의 차이를 발견하고 대응 방법을 바꿔 가는 것은 어렵겠지만 모호한 구분 방법은 허용되지 않는다. 특히 치료 분야에서는 '오진 문제'가 있는데, 오진으로 아이의 인생이 영향받으면 안 되기 때문에 소홀히 할 수 없다.

적절한 진단을 바탕으로 곤란해 하는 것을 경감시키고 치유해 가는 것이 의료의 역할이다. 실제로는 곤란해 하지도 않고 자연히 성장하여 눈에 띄지 않는 부분을 너무 주목하는 것은 당사자에게 해만 있을 뿐이다.

어떤 청소년은 유아기부터 발달 장애로 진단받았다. 지적으로는 문제가 없다고 해서 통상적인 교육을 받았다. 하지만 적절한 교육을 받았다고는 할 수 없고 자신이 고집하는 부분이 남아버렸기 때문에 장애자의 틀에서 일을 하고 있었다. 그런 그는 영화를 너무 좋아해서 일주일에 2~3번 영화관에 다닐 정도였다. 좋아하는 영화 장르는 다양했으며 이야기를 듣고 있으면 좀 매니아적인 대화가 계속되는 경우가 있다. 영화를 잘 이해하고 그것에 열중하는 모습이 '고집'으로 보여 사람들은 '발달 장애니까'라는 편견의 눈으로 바라보았다. 그의 영화에 대한 애정이 병의 진단 때문에 직접적으로 이해받지 못하는 것은 실로 유감스러운 일이 아닐 수 없다.

어른이 품기 쉬운
마음의 문제

01 사고나 행동이 통합되지 않는다
조현병(SZ)

일상생활과 사회생활이 어렵다

조현병은 생각을 통합하는 것이 어려운 정신질환이다. 여기서 '통합'이란 뇌의 다양한 기능을 하나로 합치는 능력으로, 조현병은 이 능력의 균형이 깨지는 것이다.

대표적인 증상은 환각과 망상이 나타나는 '양성 증상'이다. 아무도 없는데 욕이 들리거나 있을 수 없는 일을 사실이라고 믿고 의심하지 않는 등 언동에 명확한 증상이 나타나기 때문에 주위 사람들도 알아차리기 쉽다. 한편 '음성 증상'일 때는 감정 표현이 서투르고 행동 의욕이 저하된다.

이 외에 인지 기능이 저하되는 '인지 기능 장애' 증상도 나타나는데 조현병에서는 주로 양성 증상과 음성 증상, 이 두 가지가 인정된다. 하지만 종종 양성 증상이 거의 나타나지 않는 케이스도 있다. 음성 증상만이 두드러지면 증상이 비슷한 우울증(98쪽)과 구별이 어려워진다. 조현병과 우울증은 치료법이 다르기 때문에 신중히 감별해야 한다.

일본 후생노동성에 따르면 일본의 조현병 환자는 약 80만 명으로 발병률은 약 0.6%이며, 주로 10대 후반부터 30대 중반까지 발병하는 경우가 많다고 한다.

발병 원인은 밝혀지지 않았지만, 연관 요인으로 뇌에서 도파민이 과잉 분비되는 것을 들 수 있다.

조현병의 증상

양성 증상

조현병의 특징적인 증상은 환각과 망상이 나타나는 양성 증상

환각	망상
현실에 없는 것을 마치 존재하는 것처럼 느끼는 증상	근거 없이 잘못된 내용을 믿고 주위 사람이 정정해 줘도 못 받아들이는 증상

또 날
욕하고 있어...

TV에
내 이야기가
나오고 있어!

환각으로 가장 많이 보이는 것은 명령하는 소리나 욕하는 소리가 들리는 환청이다. 그 외 있을 리 없는 것이 보이는 환시, 불쾌한 냄새나 맛을 느끼는 환취·환미 등의 증상이 나타난다.

'누군가가 감시(도찰, 도청)하고 있다'고 믿어버리는 피해 망상이나 'TV나 라디오에서 자신의 이야기가 화제가 되고 있다'고 믿는 관계 망상이 나타나 객관적인 판단을 할 수 없게 된다.

음성 증상

의욕이 저하되거나
감정 표현이 서툴러진다.

희로애락을 잘 표현하지 못한다./일하거나 학습할 때 기력이 없다./취미에 대한 관심이 사라진다./사회성이 저하되어 집에 틀어박혀 있기 쉽다./목욕이나 옷 갈아 입기 등 매무새 관리에 둔해진다.… 등

인지 기능 장애

집중력, 기억력, 판단력 등
지적 능력이 저하된다.

주위의 말이나 조명 등이 신경이 쓰여 해야 할 작업에 집중하지 못한다./새로운 일의 순서를 기억하지 못한다./멀티태스킹을 잘 못한다./정리정돈을 못한다./무엇을 하려고 했는지 잊어버린다.… 등

…
…
…

감정이 부족해지는 '감정 둔감'이라는 증상이 나타나는 한편 각종 사물에 대한 관심이나 의욕이 저하된다. 인간관계도 귀찮아 하고 방에 틀어박혀 있기 십상이다.

인지 기능이 저하되면 일을 처리할 수 없게 된다. 공부나 일, 인간관계 등 생활 전반에 큰 지장을 초래하기 때문에 이 증상이 강하게 나타나면 사회 복귀에 시간이 걸린다.

조현병(SZ)

오랜 기간 증상을 대하기 위한 지원

조현병의 대표적인 증상이 환각과 망상이기 때문에 병이 발병한 당사자는 자신이 조현병이라는 것을 알아차리지 못하는 경향이 있다. 가족을 비롯하여 주위 사람들이 조기에 발견하는 것이 중요하다.

조현병의 치료법은 약물 요법과 심리 사회적 요법을 같이 사용하는 것이 기본이다. 약물 요법으로 항정신병 약물을 통해 양성 증상을 개선할 수 있다. 하지만 어디까지나 증상에 대한 요법이며, 근본적인 치유는 될 수 없다. 개인차가 있기 때문에 일률적으로 말할 수는 없지만 조현병은 회복하는 데 긴 시간이 필요하다.

약으로 양성 증상이 가라앉으면 음성 증상이나 인지 기능 장애가 나타난다. 이런 증상을 안정시키기 위해, 또 사회생활 기능을 회복시키기 위해 효과적인 것이 심리 사회적 요법이다.

심리 사회적 요법은 정신 요법·심리 교육·재활, 이 3가지 접근법으로 시행한다. 증상의 안정 정도에 따라 적절한 요법을 사용하여 지원한다.

또 'CBTp(조현병을 위한 인지 행동 요법)'도 효과적이다. 스스로 양성 증상을 깨닫는 셀프 모니터링 기능을 높이는 등 병을 대하는 방법을 배운다.

조현병의 지원은 당사자의 마음을 이해하는 것이 중요하다. 양성 증상이든 음성 증상이든 의사소통이 힘들기 때문에 고독감이나 답답함 때문에 다른 정신질환이 같이 발병하는 경우가 있다. 때문에 당사자의 마음 케어는 물론 가족에 대한 심리 교육도 필수적이다.

예전에는 중증의 조현병 치료로 장기간 입원 생활을 강요하는 경우가 흔했다. 하지만 현재는 지역에서 같이 사는 생활을 중시하여 여러 직종의 전문가 팀이 방문 지원하는 'ACT(포괄형 지역 생활 지원 프로그램)'도 조금씩 확산되고 있다.

조현병의 치료

▼ 약물 요법과 심리 사회적 요법을 조합하는 것이 중요하다 ▼

| 약물 요법 | 심리 사회적 요법 |

약물 요법

항정신병 제제로 증상을 완화시킨다.

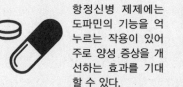

항정신병 제제에는 도파민의 기능을 억누르는 작용이 있어 주로 양성 증상을 개선하는 효과를 기대할 수 있다.

심리 사회적 요법

정신 요법이나 심리 교육 등을 한다.

정신 요법, 심리 교육, 재활을 통해 병을 대하는 방법을 배우면서 사회 복귀를 도모한다.

심리 사회적 요법

정신 요법: 지지적 정신 요법이나 집단 정신 요법으로 증상을 개선한다.

심리 교육: 환자 및 가족에게 병이나 치료에 대한 지식을 가르친다.

재활: SST나 작업 요법 등으로 사회·생활 기능의 회복을 꾀한다.

정신 요법에서는 카운셀링의 일종인 지지적 정신 요법, 적절한 행동을 배우는 인지 행동 요법, 같은 고민을 안고 있는 환자들끼리 서로 이야기하는 집단 정신 요법 등을 시행한다. 재활에서는 사회·생활 기능의 회복을 도모하기 위해 SST(사회 기술 훈련)나 작업 요법 외에 컴퓨터의 전용 소프트웨어로 인지 기능의 회복을 도모하는 접근법 등을 시행한다.

공인심리사의 조언 | 사람이 환상이나 환각을 보는 원인은 알려져 있지 않다

사람의 뇌 기능은 매우 복잡하다. 현실을 적절히 인식하는 '추정(날짜나 현재 시간, 장소나 주위 상황 등을 파악하고 이해하는 능력)'이라는 기능이 있는 반면 꿈 속에서 이상한 세계를 보기도 한다.

옛날부터, 사람은 환상이나 환각을 본다고 알려져 왔다. 때문에 사람은 신화나 이야기의 세계를 존중하고 믿어 왔다. 사람의 뇌가 왜 환상이나 환각을 보는지 그 원인은 알 수 없지만, 조현병 치료에서는 약물 요법이나 심리적 접근법을 시행하고 있다.

조현병(SZ)

02 '기분의 폭'이 크게 요동쳐 생활에 지장을 초래한다
양극성 장애(BD)

기분의 고양과 저하를 반복한다

양극성 장애는 기분이 고양되어 활동적으로 되는 '조증 상태'와 기분이 가라앉아 무기력해지는 '우울증 상태'를 반복하는 마음의 병이다. 예전에는 조증과 우울증이 반복된다고 해서 '조울증'이라고 불렸지만 현재는 양쪽의 극단적인 정신 상태가 된다고 해서 양극성 장애라고 부른다.

기분이 고양되고 활동적인 상태가 되는 조증 중에는 정도가 가벼운 것도 있어서 이를 '경조증'이라고 한다. 또 조증과 우울증이 동시에 발병하는 것을 '혼재성 삽화', 두 증상이 모두 없는 정상인 시기를 '관해기'라고 한다.

〈DSM-5〉에 따른 진단 기준에서는 양극성 장애에는 격심한 조증과 우울증(없는 경우도 있다.)이 있는 '양극성 장애 Ⅰ형'과 경조증과 우울증이 있는 '양극성 장애 Ⅱ형'이 있다고 한다. 그러나 이 진단 기준을 충족하지 않는 경우도 있기 때문에 특정이 불가능한 양극성 장애 또는 '기분 순환성 장애'로 분류되기도 한다.

양극성 장애는 증상이 있는 시기와 없는 시기가 교대로 나타난다는 특징이 있는데 증상은 몇 주에서 3~6개월간 지속된다. 증상이 사라진 후부터 그 다음 증상이 나타날 때까지의 기간을 사이클이라고 하고 그 길이는 환자마다 다르다. 또 조증과 우울증이 교대로 교체되면서 나타나는 경우는 적고 대부분 어느 한쪽의 증상으로 편중된다.

양극성 장애의 두 증상

조증 상태의 특징

- 기분이 고양된다.
- 화를 잘 낸다.
- 수면 시간 감소, 무수면
- 말수가 많아진다.
- 아이디어가 계속해서 떠오른다.
- 과도하게 행동적이다.
- 과대한 자기 평가, 전지전능감
- 쇼핑이나 도박으로 낭비
- 성적으로 자유분방해진다.

기분이 고양되고 극단적으로 활동적인 조증 상태

조증 상태일 때 본인은 최고의 정신 상태라고 착각하므로 자신의 행동이 이상하다는 것을 인식하지 못한다. 때문에 자신의 행동이 주위 사람들에게 폐를 끼치고 있다고 느끼지 못하고 그것을 지적하면 화를 내는 등 문제를 일으킨다. 또 낭비로 인해 금전적인 문제를 안게 되는 경우도 있다.

관해기(정상인 상태)　혼재성 삽화

우울증 상태의 특징

- 기분이 가라앉는다.
- 소극적이고 기운이 없다.
- 절망감이나 고독감을 가진다.
- 수면 시간 증가
- 쉽게 피곤해 한다.
- 사고가 완만해진다.
- 활동이 저하된다.
- 자기 부정
- 죽고 싶어 한다.

기분이 가라앉아 모든 것에 관심이 없어지는 우울증 상태

우울증 상태일 때는 표정이 어둡고, 반응이 느리고, 불안해 하는 외면적인 변화가 나타나므로 주위 사람들이 알아차리는 일도 적지 않다. 또 눈물이 많아지고(갑자기 운다.) 음주량이 늘고 자신을 질책하는 행동의 변화가 보이는 경우는 우울증 상태 또는 우울증의 가능성도 생각하고 대응을 검토해야 한다.

양극성 장애 I형 심한 조증 상태와 우울증 상태(우울증 상태가 없는 경우도 있다.)

양극성 장애 II형 경조증 상태와 우울증 상태

양극성 장애(BD)

조증 상태는 본인이 알아차리기 어렵다

조증 상태에서는 기분이 고양되어 활동적이며 자신 과잉, 수면 시간 감소, 말수 증가, 무엇에든 관심 갖기, 오래 지속되지 않는 관심, 집중력 없어짐, 쓸데없는 쇼핑, 도박, 성적으로 자유분방한 행동, 쉽게 화냄 등 다양한 행동상 특징이 나타난다. 하지만 정작 본인은 '최고의 정신 상태'라고 착각하기 때문에 자신의 행동이 이상하다는 것을 알아차리지 못한다. 그 결과 대인 관계에 문제가 생기거나 주위와 알력이 생겨 부당한 대우를 받는다는 피해 의식을 갖게 된다.

경조증 상태인 경우 그렇게까지 극단적인 증상은 나오지 않지만 활력이나 창조성으로 넘쳐나는 것은 똑같다. 그리고 기분이 계속 바뀌고 집중력이 없어지며 쉽게 화를 낸다는 특징이 있다.

한편 우울증 상태는 기분이 가라앉아 활력이 저하되고 강한 슬픔이나 절망감, 죄책감 등을 품게 되며 사고력이 저하되고 동작이 완만해진다. 그 외에 수면 시간이 길어지고 식욕의 증가와 감퇴, 이를 동반한 체중의 증감이 일어나는 경우가 있다. 기본적인 '우울증' 증상과 비슷하지만 우울증에서는 적은 환각이나 망상 등이 생기는 경우가 있다.

치료받도록 하기 위한 심리 교육

양극성 장애의 치료에서는 조증 상태의 환자가 종종 자신이 병이 있다고 생각하지 않는 문제가 일어난다. 때문에 환자 자신이 병에 대해 올바르게 이해하고 받아들여 적절한 치료를 받도록 하는 '심리 교육'이 매우 중요하다. 그리고 '기분 안정제', '항정신병 제제', '항우울제' 등을 사용하는 약물 요법과 '인지 행동 요법', '가족 요법' 등과 같은 심리 요법, '수면의 안정', '생활 리듬의 안정'과 같은 사회적 요법을 사용하여 치료한다.

양극성 장애를 대하는 방법 · 지원 · 치료

자신이 정상이라고 생각하는 조증 상태의 환자가 치료받게 하는 것이 중요

조증 상태의 환자는 자기가 마음의 병이 있다고 느끼지 못하기 때문에 치료받을 생각이 없는 경우가 대부분이다. 때문에 진료를 권하면 화를 내는 경우도 드물지 않다. 불면이나 수면 부족과 같은 신체 문제를 이유로 대면서 잘 설득해 진찰받도록 할 필요가 있다.

| 심리 · 사회적 요법 | 약물 요법 |

- 심리 교육
- 인지 행동 요법
- 수면의 안정
- 생활 리듬의 안정

- 기분 안정제
- 항정신병 제제
- 특정 항우울제

심리 교육은 환자에게 증상을 올바르게 이해시키고 병을 받아들여 치료받게 하기 위한 것이다. 우울증 상태에서는 모든 것을 부정적으로 보기 때문에 긍정적인 마음이 들도록 인지 행동 요법으로 훈련한다. 또 수면이나 생활 리듬이 흐트러지면 증상을 악화시키기 때문에 개선하도록 지도한다.

약물 요법에는 기분 안정제, 항정신병 제제, 특정 항우울제 등을 사용한다. 약물 요법의 기본은 기분 안정제로 조증 상태와 우울증 상태의 치료와 예방에 효과를 발휘하는 것이다. 항정신병 제제는 기분 안정제와 같이 써서 조증 상태에 효과가 있는 약이고, 특정 항우울제는 우울증 상태에 효과가 있는 약이다.

공인심리사의 조언

양극성 장애에서 잊어서는 안 되는 가족에 대한 이해와 마음의 케어

양극성 장애에서 조증 상태일 때는 금전의 낭비와 전지전능감으로 인한 안이한 계약의 위험이 있고, 우울증 상태일 때는 자살의 위험이 있기 때문에 가족이나 주위 사람이 잘 지켜볼 필요가 있다.

또 다른 마음의 문제에서도 마찬가지지만 의미가 불분명한 훈육, 이유 없는 거부나 부정 등을 보일 수 있는 배우자와 아이의 마음의 케어도 필요하다. 양극성 장애의 치료에는 심리 교육이나 인지 행동 요법, 생활 리듬 개선과 같은 심리 사회적 요법 외에 기분 안정제나 항정신병 제제 등을 사용한 약물 치료도 효과적이라고 한다.

03 최근 증가 경향이 있는 기분 장애의 대표격
우울증/우울 장애(MDD)

우울증/우울 장애(MDD)는 '기분 장애'라는 마음의 병의 일종이다. '세계보건기구(WHO)'의 2017년 조사에 의하면 우울증 환자는 전 세계 인구의 약 4.4%인 약 3억 2,200만 명이나 되며, 일본의 조사에서도 약 6%가 평생에 한 번은 우울증을 경험했다고 한다. 때문에 우울증은 화젯거리인 경우도 많고 누구나 아는 마음의 병이라 할 수 있다.

우울증에 걸리면 거의 매일 기분이 가라앉아 기쁘다, 즐겁다, 슬프다는 것과 같은 감정을 상실한다. 때문에 그때까지 즐겨 왔던 취미에도 관심이 없어지고 재미가 없어진다. 또 집중력이 떨어지고 의욕이나 기력도 저하되는 한편 절망감, 열등감, 고독감, 무기력, 불안감, 초조함과 같은 부정적인 감정에 마음이 지배받는다.

그리고 우울증은 이런 정신 증상뿐만 아니라, 잠이 안 온다, 너무 많이 잔다, 식욕이 준다, 식욕이 는다, 성욕이 없어진다 등과 같은 욕구에 관한 이상이나 피로감, 권태감, 심장 두근거림, 현기증, 두통, 어깨 결림, 변비, 설사와 같은 신체적 증상도 나타난다는 특징이 있다.

우울증이 심해지면 '자살 기원'이라고 해서 '이제 죽고 싶다', '나는 가치가 없으니까 죽어야 한다'와 같은 생각에 사로잡힌다. 이는 굉장히 위험한 상태로 미국 메이요 클리닉의 보스트위크 교수의 연구에 의하면 중증 우울증 환자의 생애 자살률은 8.6%로 자살을 암시하거나 실제로 자살을 기도한 경우 입원시켜 감시하면서 치료해야 한다고 한다.

우울증의 증상

신체적 증상

- 불면, 과수면
- 식욕 감퇴, 식욕 과다
- 성욕 감퇴
- 발기 부전
- 생리 불순
- 불감증
- 피로감
- 권태감
- 심장 떨림, 현기증, 두통, 어깨 결림
- 변비, 설사 등

마음과 신체에 나타나는 우울증의 증상

우울증의 주된 증상은 기분의 저하와 의욕이나 기력 저하 등 정신적인 증상이지만 불면이나 과다 수면과 같은 수면 장애나 권태감과 같은 신체의 증상도 동시에 일어나는 경우가 대부분이다.

정신적 증상

- 기분이 가라앉는다.
- 감정의 상실
- 집중력 저하
- 의욕, 기력 저하
- 생각 정리가 안 된다.
- 절망감, 열등감, 고독감, 무기력, 불안감, 초조함
- 행동력 저하
- 말수가 적어진다.
- 자살 기원, 자살 기도
- 짜증 등

월경 전 불쾌 장애(PMDD)

월경 전에 경증 우울 증상이나 불안감, 짜증 등의 증상이 나타난다

초경을 맞이한 여성이라면 언제든지 발병할 가능성이 있는 마음의 병이다. 주요 증상은 기분 저하, 불안, 긴장, 정서 불안, 금방 화를 내는 것 등이 있다. 월경 전에 이런 증상이 강하게 나타나고 월경이 끝나면 사라진다.

지속성 경증 우울 장애(PDD)

우울증보다 가벼운 우울 증상이 만성적으로 2년 이상 지속된다

지속성 경증 우울 장애는 기분이 가라앉아 아무 것도 하고 싶지 않은 증상이 만성적으로 2년 이상 계속되는 것이다. 증상은 우울증과 비슷하지만 우울증에 비해 증상이 가볍고 성격 문제 등으로 치부되는 경우도 적지 않다.

고령자 우울증

치매와 비슷한 증상이 일어나기 때문에 진단이 어렵다

고령자는 가족의 죽음, 건강 문제, 병 등으로 힘든 일을 경험하는 경우가 많기 때문에 우울증이 생기기 쉽다. 또 치매와 우울증이 같이 오는 경우도 많고 치매 초기 단계에 우울증이 나타나는 경우도 있다.

비정형 우울증(AD)

기존의 우울증과는 반대 증상이 나오는 새로운 형태의 우울증

기분의 변동 폭이 커서 뭔가 좋은 일에 대해서는 기분이 좋아지지만 저녁부터 밤에는 기분이 쳐지기 쉽다. 또 식욕 증가, 과다 수면과 같은 증상도 나타난다. 대부분의 환자가 20대에서 30대 여성이다.

뇌의 감정을 담당하는 부분의 기능 저하

근래의 연구에 의하면, 우울증은 정신적 신체적 스트레스 등의 원인으로 뇌 신경 세포의 정보 전달에 문제가 생겨, 감정이나 의욕을 담당하는 부분이 이상이 일어나 잘 작동하지 않음으로써 발생한다고 한다.

뇌 안에서는 다양한 '신경 전달 물질'이 신경 세포에서 신경 세포로 정보를 전달하는 역할을 담당하고 있다. 그중 하나인 '세로토닌'은 기쁨, 쾌락 등과 관계된 '도파민'이나 공포, 놀람과 관계된 '노르아드레날린(노르에피네프린)' 같은 신경 전달 물질의 정보를 컨트롤하여 정신을 안정시키는 역할을 한다. 다양한 요인으로 인해 사람의 감정과 관련된 신경 전달 물질의 기능이 저하되는 것이 우울증에 걸리는 원인으로 여겨진다.

발병 원인인 정신적·신체적 스트레스는 가족이나 연인, 친구와 같은 소중한 사람의 죽음이나 이별, 일이나 재산과 같은 소중한 것의 상실, 직장과 가정에서 일어나는 인간 관계의 문제, 가정 내 갈등과 같은 힘든 경험이나 슬픈 경험을 말한다. 더욱이 이런 부정적인 경험이 아닌 진학이나 취직, 결혼과 같은 긍정적인 경험도 환경의 변화로 인한 스트레스가 되어 발병하는 경우도 있다.

우울증은 증상의 사례가 많기 때문에 치료 방법이 확립되어 있다. 스트레스에 대한 대처 방법을 배우는 정신 요법 외에도 심신의 휴양, 스트레스를 피하는 환경 조성, 항우울제 등의 약물 치료가 주된 치료법이다.

우울증(우울 장애(MDD))

우울증을 다루는 방법과 지원, 치료

| 정신 요법 | 휴양 | 환경 조성 | 약물 치료 |

스트레스에 대한 대처 방법을 배운다.

심신의 휴양을 철저히 한다.

스트레스로부터 벗어난 환경에서 지낸다.

항우울제 등을 의사의 지시에 따라 복용한다.

정신 요법

인지 행동 요법:
사물에 대한 생각을 개선하고 스트레스에 대처할 수 있는 마음을 만든다.

대인 관계 요법:
대인 관계의 문제를 해결함으로써 스트레스를 경감한다.

우울증 환자는 매사를 부정적으로 바라보기 쉽기 때문에 그것이 스트레스가 되어 더욱 기분이 가라앉는다. 그래서 사물을 보는 관점을 긍정적으로 바꾸는 인지 행동 요법 훈련을 하는 것이다. 또 타인을 대하는 방법에 초점을 맞춰 다양한 상황에서 감정이나 행동, 관계성을 변화시키면서 문제를 해결하거나 대처법을 몸에 익히는 대인 관계 요법도 표준적인 우울증 치료 정신 요법 중 하나이다.

공인심리사의 조언

회복에는 오랜 시간이 걸리므로 조급해 하지 말고 천천히 치료에 전념하는 것이 중요하다

우울증은 다양한 원인에 의해 생긴다고 알려져 있는데, 특히 마음에 걸리는 스트레스가 원인인 경우가 많다고 한다. 일단 우울증 상태가 되면 제대로 회복하기까지는 긴 치료 시간이 필요하다. 사회 복귀를 위해서는 '조급해 하지 말고 천천히' 치료에 전념하는 것이 기본이다. 많이 알려진 마음의 병이기 때문에 우울증에 대해 아는 사람도 많고 공통된 대응을 하는 경우도 많지만 안이한 격려는 증상을 악화시킨다고도 한다. 증상이 악화되면 자살을 기도하는 경우도 있으므로 주위 사람들은 특히 신중하게 대응해야 한다.

04 과도한 불안과 공포가 생활에지장을 초래한다
불안 장애(AD)/공황 장애(PD)

불안의 대상을 피하는 회피 행동이 특징이다

불안이라는 감정은 위험을 회피하기 위해 마련되어 있는 중요한 기능이다. 하지만 불안 장애(AD)인 경우에 느끼는 불안의 강도는 일상생활에 지장을 줄 정도로 도를 넘어선다. 한번 불안을 느끼면 스스로 제어할 수 없을 정도의 강한 공포감이 몰려와 심장 떨림이나 호흡 곤란, 현기증과 같은 증상이 나타난다. 이런 증상이 지속되면 결국에는 불안을 느끼는 대상 자체를 피하려고 하는 회피 행동을 보이는 것도 불안 장애의 특징이다. 불안 장애는 불안을 느끼는 대상에 따라 여러 가지로 분류된다. 사람들 앞에서 부정적으로 평가받는 것을 두려워하는 '사교 불안 장애', 바로 도망갈 수 없는 장소나 상황을 두려워하는 '광장 공포증' 등 다양한 종류가 있으며 '공황 장애'나 '외상 후 스트레스 장애(PTSD)'(108쪽)도 불안 장애의 일종이다.

공황 장애는 어느 날 갑자기 아무런 전조도 없이 강한 불안감이 찾아와 가슴이 떨리거나 현기증과 같은 신체 장애와 함께 '이대로 내가 죽는 것이 아닌가' 할 정도의 공포를 느낀다. 이 불안 발작을 공황 장애라고 한다. 공황 장애를 여러 번 경험하면 '또 발작이 일어나는 게 아닐까' 하는 예기 불안으로 발전하여 결국에는 '발작이 일어났을 때 도망갈 수 없는 곳에는 가고 싶지 않다'와 같은 광장 공포에 빠지게 된다.

불안 장애의 주요 분류

불안 / 공포

전반적 불안 장애(GAD)

특정 대상이 없고, 건강한데도 '병이지 않을까?'나 가족이 외출한다고 하면 '사고를 당하지 않을까?' 등 온갖 활동이나 상황에 심한 불안과 공포를 느낀다.

국한적 공포증(SP)

높은 곳, 번개, 동물, 주사 등 특정 상황이나 대상물에 강한 공포를 느낀다. 남자보다 여자에게 많다고 한다.

분리 불안증(SAD)

가족 등 애착을 느끼는 사람과 떨어지는 것에 강한 불안을 느낀다. 아이가 엄마와 떨어질 때 울어대는 등 소아기에 잦은 증상이라고 생각하지만 어른도 발병한다.

사교 불안증(SAD)

사람들 앞에 서는 것을 잘 못하여 연설이나 발표 등을 하는 것에 강한 공포를 느낀다. 친하지 않은 상대를 일대일로 만나는 것에도 저항을 보여 '대인 공포'라고도 한다.

광장 공포증

사람이 많은 곳이나 전철, 바로 도망갈 수 없는 특정 상황에 대해 강한 불안을 느낀다. 증상이 악화되면 외출을 두려워하게 되기 때문에 '외출 공포'라고도 한다.

공황 장애(PD)

공황 발작으로 시작하여 예기 불안이나 광장 공포 증상이 나온다.

공황 발작

갑자기 이유도 없이 심한 불안과 공포가 엄습해 온다.

▼

예기 불안

'또 발작이 일어나지 않을까?'라는 불안이 사라지지 않는다.

▼

광장 공포

발작이 일어났을 때 바로 도망갈 수 없는 장소를 두려워하며 피한다.

가슴 떨림 / 숨참 / 발한 / 떨림 / 구토 / 현기증 / 공포 / 비현실감 / 감각 마비

'공황 발작'이라는 격심한 공포, 불안, 가슴 떨림, 숨참 등을 느낀다. 공공장소나 전철 안에서 일어나기 쉬운 증상이다. 진행되면 발작이 일어나는 속도가 빨라지고 결국에는 외출 자체를 두려워하게 된다.

인지 행동 요법이 효과적이다

불안 장애나 공황 장애의 요인은 스트레스에 대한 반응 문제, 뇌 기능 문제, 유전 등을 생각할 수 있지만 아직 연구 단계라 명확하게 밝혀져 있지 않다. 치료는 약물 요법과 정신 요법을 조합한 것이 효과적이다.

약물 요법에서는 주로 항우울제와 항불안제를 처방한다. 불안 장애 및 공황 장애는 우울증(98쪽)과 마찬가지로 세로토닌이 관여한다고 하는데 항우울제로 세로토닌을 증가시켜 마음을 가라앉히는 효과를 기대할 수 있다. 한편 항불안제는 즉효성이 있기 때문에 급한 불안을 억제할 때 사용한다. 하지만 항불안제는 약의 종류에 따라서 의존증이라는 부작용이 나타난다. 약물 의존을 피하기 위해서도 장기간 복용은 삼가고 만일을 대비해 의존증에 대한 케어가 요구된다.

정신 요법에서는 인지 행동 요법이 높은 개선 효과를 보인다. 불안을 느끼는 대상을 다르게 생각함으로써 적절한 인지로 수정하는 방법이다. 그 외에도 노출 요법(Exposure therapy)으로 증상의 개선을 꾀한다.

또 근래에는 'CFT(Compassion Focused Therapy)'라는 새로운 인지 행동 요법도 주목받고 있다. 컴패션(Compassion)은 우리말로 '자비'나 '배려' 등을 의미한다. 자신이나 타인의 고통을 깨닫고 그것을 없애려고 하는 자비로운 마음을 키움으로써 증상의 경감을 꾀하는 요법이다.

불안 장애 및 공황 장애에 대한 지원은 가족에게도 이루어진다. 증상을 고민하는 당사자와 함께 생활함으로써 가족에게도 불안이 전달될 가능성을 생각할 수 있다.

그리고 종종 당사자가 가족에게 공격성이나 강한 의존을 보이는 경우가 있어 가족의 마음도 피폐해지기 때문에 관계 조정 등을 통하여 도움을 준다.

불안 장애·공황 장애의 치료

▼ **약물 요법과 정신 요법의 병용이 기본** ▼

불안 장애의 치료	공황 장애의 치료

불안 장애의 치료

약물 요법

항우울제나 항불안제 처방 외에 증상에 따라 수면제 등을 처방하는 경우가 있다.

정신 요법

■ 인지 행동 요법
■ 노출 요법
■ 심리 교육

인지 행동 요법으로 불안을 일으키는 대상에 대한 인지의 왜곡을 바로잡는다. 노출 요법으로는 불안 증상을 일으키는 상황을 의도적으로 재현하여 자극에 익숙해지도록 훈련한다. 또한 전반적 불안 장애에는 과도한 긴장을 완화시키는 릴랙스 요법이 효과적이다.

공황 장애의 치료

약물 요법

공황 장애에도 효과를 인정받고 있는 항우울제인 SSRI나 항불안제 등을 처방한다.

정신 요법

■ 인지 행동 요법
■ 노출 요법

공황 장애가 일어날 때 생기는 '죽을지도 모른다'는 인지 왜곡을 인지 행동 요법으로 바로잡는다. 또한 다른 불안 장애와 마찬가지로 노출 요법을 시행한다. 단, 공황 발작을 일으키지 않도록 싫어하는 상황에 조금씩 익숙해지도록 하는 단계적 노출 요법이 효과적이다.

공인심리사의 조언

불안을 많이 안고 있는 것도 문제이지만 불안을 전혀 느끼지 않는 것도 위험하다

불안이나 공포가 없는 중학생을 만난 적이 있다. 고층 아파트에서 옆집 베란다로 넘어 가려고 해서 상담하게 되었다. 그 학생은 공포를 느끼지 않기 때문에 위험한 일을 해도 아무렇지도 않다. 속도에 대한 공포심도 없고 폭주 운전과 같은 위험 행위를 반복한다. 가족은 아이의 장래를 염려하였으며, 높은 곳에서 하는 일이 가능할 것이라고 생각했다. 하지만 '위험하다는 것을 모르는 경우에는 일을 시킬 수 없다'고 거절당했다. 시험에 대한 불안도 없기 때문에 시험 공부도 하려고 하지 않는다. 현재는 안전을 배려하는 직장에서의 사회생활을 목표로 하고 있다.

'혼내는 것'은 그 순간만의 일이 아니다

'거짓말을 한다'는 악의를 느끼지 못하는 사람들

누군가에게 부탁을 받으면 '싫다'고 말하지 못하는 아이나 어른이 있다. 설마라고 생각할지 모르겠지만 역 같은 곳에서 모르는 사람이 '차비가 없으니 돈을 빌려달라'고 하면 거절하지 못하고 빌려주고 만다. 이것은 이른 바 '푼돈 사기'라는 범죄이지만 피해를 입은 사람이 그 후에도 표적이 되어서 다시 피해를 입는 경우도 있다고 한다.

이런 피해를 입기 쉬운 사람에게는 발달 장애나 지적 장애가 있는 경우가 종종 있다. 피해를 입은 사람들과 이야기해 보면 '돈이 없어서 곤란하다'는 상대의 말을 그대로 믿고 상대의 악의를 깨닫지 못한 것이다. '거짓말을 한다'는 악의를 깨닫지 못하기 때문에 다시 또 사기를 당하는 것이다.

어렸을 때 '거짓말하면 안 된다'고 혼이 난 사람들도 있을 것이다. 이것이 머릿속에 계속 박힌 채로 있는 사람이 있다. 그리고 악의를 못 느끼는 사람은 '사람은 거짓말을 한다'는 것을 이해할 수 없다. 결과적으로 들은 말을 그대로 믿어 버리는 것이다. 더욱 문제가 되는 것은 '혹시 사기당했나?'라고 본인이 의심조차 하지 않는다는 것이다. 사기를 당한 채로 진실이라고 믿으면서 입을 다문다. 때문에 피해가 보이지 않는 경우가 있다. 참고로 사기를 당했다는 것을 알게 되는 것은 주위 사람이 의심해서 금전 피해가 판명된 경우가 대부분이다.

상대를 생각해서 '혼낸다'

사기를 당했다고 생각하지 않을 뿐더러 본인은 자신이 좋은 일을 했다고 생각한다. 자신이 곤란해 하는 사람을 도왔다고 생각하는 것이다. 때문에 일어난 사건에 대해 주위로부터 일방적으로 혼이 나거나 심하게 주의를 받으면 혼내는 상대를 나쁜 사람이라고 생각하는 경우도 있다. 이것이 거듭 반복되면 혼내는 상대가 나쁜 사람이라서 주의받는다고 착각한다. 계속해서 범죄 피해를 입는 사람의 심리 구조는 이렇게 되어 있다.

우리는 반복해서 피해 입는 사람을 혼내버리기 십상이다. 하지만 그러면 오해가 생기거나 불신으로 이어질 수도 있다.

107

순간적으로 끝내지 말고 제대로 대화한다

이것은 아이에게도 똑같이 적용할 수 있다. 사기를 당했다는 이야기의 사정을 잘 듣지 않고 단죄하여 벌을 주면 화내는 상대를 나쁜 사람이라고 생각해 버리는 경우가 있다. 부모는 아이가 사기를 당했다, 나쁜 일을 했다, 그래서 강하게 훈육해서 깨닫게 했다고 생각하고 시간이 지나면 금방 잊어버린다. 하지만 아이는 자신이 '정의'라고 생각하고 있으면 영문도 모르고 혼나고 벌을 받았다고 받아들이게 된다. 이 오해가 거듭되면, 당연하겠지만, 부모 자녀 간에 해결하기 힘든 골이 생겨 버리는 것이다.

어렸을 때 자녀와 부모의 '어느 쪽이 정의인지'는 그 후의 중대한 알력으로 이어진다. 아이의 이야기를 잘 들으면서 오해하지 않도록 대화해 가는 것이 무엇보다 중요하다.

'혼내는 것'은 그 순간만의 일이 아니다

05 트라우마 경험으로 정신적인 고통이 장기간 계속된다
외상 후 스트레스 장애(PTSD)

생명의 위협이 마음에 상처를 남긴다

생명의 위협을 느낀 사건, 예를 들면 대지진이나 홍수
와 같은 큰 자연재해, 화재, 교통사고, 상해나 폭행, 전쟁과 같은 일
을 경험하면 그것이 '트라우마(심적 외상)'로 남긴다. 트라우마는 그런
사건이 자신에게 직접 일어난 경우뿐만 아니라 사건을 목격하거나 가
족이나 연인, 친구와 같이 가까운 사람이 경험한 경우에도 일어난다.

이러한 생사와 관련된 트라우마 경험을 한 경우 대부분의 사람은
불안, 불면, 긴장, 가슴 떨림 등과 같은 증상으로 고민한다. 또 트라우
마 경험이 플래시백되거나 악몽으로 나타나 되살아나는 경우도 있다.
이를 '급성 스트레스 장애(ASD)'라고 하는데 경험한 직후부터 시작하
여 1개월 정도가 되면 진정된다. 그런데 1개월이 지나도 이런 증상이
계속되어 일상생활에 지장을 초래하는 경우가 있는데 이를 '외상 후
스트레스 장애(PTSD)'라고 한다.

〈DSM-5〉에 따르면 외상 후 스트레스 장애의 증상은 '침입 증상(재
경험 증상)', '회피 증상', '사고나 기분에 대한 악영향', '각성 레벨과 반
응 변화'라는 4가지로 분류할 수 있다고 한다.

첫 번째의 '침입 증상'은 자신의 의사와는 상관없이 트라우마를 경
험할 때의 감정이 되살아나 감정이 불안정해져 흐트러지거나 울어 버
리는 증상이다. 이 외에 갑자기 그때의 장면이 생생하게 떠올라 재경험
하는 플래시백이나 똑같은 악몽을 반복해서 꾸는 일도 일어나기 쉽다.

두 번째의 '회피 증상'이란 트라우마를 떠올리게 하는 곳이나 사람

외상 후 스트레스 장애의 원인과 증상

생명의 위협을 느끼는 체험

자연재해

화재

사고

폭력

범죄

큰 지진이나 산사태, 화재나 교통사고 등 자신의 생명에 위협을 미치는 무서운 경험을 하면 그 경험이 마음에 상처를 남긴다. 또 자기 자신의 경험뿐만 아니라 화재나 교통사고 현장을 목격했다, 가족이나 연인, 친구 등 가까운 사람이 이런 경험을 했다는 것을 알았다 등과 같이 간접적인 경험이라도 비슷한 마음의 상처가 생기는 경우가 있다.

심적 외상(트라우마)이 생긴다

생명의 위협을 느끼는 무서운 사건을 '외상성 스트레서'라고 하는데 이로 인해 일어나는 경험은 트라우마(심적 외상)로 마음에 상처를 남긴다.

트라우마를 경험한 지 한 달이 지나도 아래 증상이 계속된다

트라우마를 경험한 후는 누구나 마음이 불안정하고 재경험(플래시백), 감정이나 감각의 마비, 우울 증상, 불면과 같은 증상이 나타난다. 보통은 한 달 정도 지나면 낫게 되지만 이런 증상이 경험 후 한 달 이상 계속되거나 트라우마 경험 후 몇 개월 후에 발병하는 경우 외상 후 스트레스 장애로 진단한다.

침입 증상(재경험 증상)
- 트라우마의 기억이 선명히 되살아난다.
- 재경험(플래시백)
- 반복되는 악몽

회피 증상
- 트라우마를 떠올리게 하는 장소, 사람, 사물을 피한다.
- 감정이나 감각이 마비된다.

사고나 기분에 대한 악영향
- 소외감, 고독감, 우울 증상
- 죄책감을 갖게 된다.
- 행복감이나 만족감이 사라진다.

각성 레벨과 반응의 변화
- 잠을 못 잔다.
- 긴장 상태가 지속된다.
- 위험에 대해 과도하게 민감해진다.

등을 피하려고 하는 증상이다. 트라우마 경험에 대해 생각하거나 말하는 것을 피하는 경우도 있다. 또 힘든 기억에서 벗어나도록 감정이나 감각이 마비되는 경우도 있다.

세 번째의 '사고나 기분에 대한 악영향'은 우울 증상 외에 트라우마 경험의 중요한 부분을 기억하지 못하는 '해리성 건망'이나, 책임을 느껴 필요 이상으로 자신을 질책하고 죄책감을 느끼는 부정적인 감정만 갖고 행복감이나 만족감이 없어지는 증상이다.

네 번째 '각성 레벨과 반응의 변화'는 수면 장애나 집중력 결여 외에 갑작스러운 물건 소리와 같은 별 대수롭지 않은 일에 놀라거나 위험에 대해 과민 반응하는 증상이다.

이와 같이 외상 후 스트레스 장애는 트라우마 경험이 원인이 되어 마음이 매우 불안정해지는 병이다.

심리 요법이 치료의 중심

외상 후 스트레스 장애의 치료는 심리 요법이 중심이 된다. 그중에서도 '지속 노출 요법(PE)'이 효과가 증명된 요법이다. 지속 노출 요법은 환자에게 트라우마 경험을 이야기하게 해 그것을 치료자가 제대로 받아들이고 지원함으로써 환자가 자신감을 되찾고 안심할 수 있게 하는 것이다.

그 외에 '인지 처리 요법(CPT)', '대인 관계 요법(IPT)', '안구 운동 민감 소실 및 재처리 요법(EMDR)'도 사용된다. 이 치료법들은 모두 효과를 인정받고 있으므로 만일 장애가 있다면 주저하지 말고 심리 요법을 받도록 하자.

외상 후 스트레스 장애의 종류와 지원·치료법

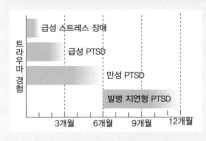

생명의 위험을 느낀 경험 후에는 누구나 걸리기 쉬운 정신병

트라우마 경험 직후에 발병한 경우는 급성 스트레스 장애, 한 달 이상 계속되면 급성 PTSD, 3개월 이상 지속되면 만성 PTSD로 진단한다. 또 트라우마 경험으로부터 6개월 이상 경과한 후 갑자기 발병하면 발병 지연형 PTSD이다.

외상 후 스트레스 장애의 대표적인 심리 요법

지속 노출 요법(PE)

환자에게 상상 속에서 트라우마 기억으로 돌아가 이야기하게 해서 그것을 듣고 받아들임으로써 환자에게 자신감과 안심감을 되찾게 해주는 요법이다.

인지 처리 요법(CPT)

환자 자신이 트라우마 경험을 정리하게 하여 그 원인을 생각하게 함으로써 책임의 유무나 생각을 재검토하게 하는 요법이다.

안구 운동 민감 소실 및 재처리 요법(EMDR)

트라우마 경험을 생각하게 하면서 눈 앞에서 손가락을 일정한 속도로 움직여 그 움직임을 눈으로 쫓게 하는 요법이다.

대인 관계 요법(IPT)

소중한 타인과 환자와의 관계에 초점을 맞춰 그 사이에서 문제가 되는 것을 해결하거나 대처법을 익히도록 하는 요법이다.

공인심리사의 조언 | ### 죽음에 직면하는 경험을 한 사람은 누구나 트라우마를 안고 있을 수 있다

트라우마는 누구나 가질 수 있다. 죽을 것 같았던 경험이 트라우마의 원인이 되므로 빈번히 발생하는 천재지변 등도 위험시된다. 특히 전쟁은 아이에게 심적 영향이 커, 강한 트라우마 발생이 염려되는 것 중 하나이다. 또 천재지변이나 사고와 같이 죽음의 위협을 느끼는 경험이 아닌 것도 트라우마로 남을 수 있다. 예를 들어 발달 장애가 있는 아이의 경우 자신의 생각을 잘 표현하지 못해 어른들에게 과도하게 혼나거나 때로는 체벌을 받거나 함으로써 그것이 심리적인 후유증이 되는 경우도 있다. 트라우마에 대해서는 일정한 효과가 인정된 여러 심리 요법이 있다.

06 마음의 성과 신체적 성이 일치하지 않는 사람들
성별 불쾌감(GD)

자신의 성에 불쾌감을 느끼는 증상

성별 불쾌감(GD)이란 개인이 자각하고 있는 성별과 출생 시 신체적인 특징에 의해 정해지는 성별이 일치하지 않는 상태를 가리킨다. 개인이 자각하고 있는 성을 '자기 인식 성', '마음의 성'이라 하고 신체적 특징으로 정해지는 성을 '생물학적 성', '신체적 성', '지정 성별'이라고 한다.

지정 성별은 출생 시 신체적 특징과 구조에 의해 '남자'와 '여자', 두 종류로 나눈다. 둘 다 명확한 차이가 있어 생물학적으로 요구되는 역할도 다르다. 한편 마음의 성은 자신이 인식하고 있는 성별이기 때문에 신체적인 특징으로 정해지는 성별과는 달리 성별을 정하는 것은 자기 자신이 된다.

대부분의 사람은 신체적 성과 마음의 성이 일치하지만 일치하지 않는 사람들도 있다. 이것이 성별 불쾌감을 가진 사람들이다. 일본 오카야마 대학의 조사 연구에 의하면 일본에서 성별 불쾌감을 가진 사람의 비율은 전체 인구의 약 0.3~1%라고 한다. 예전에는 '성동일성 장애'라고 불렸는데 다양성을 인정하는 사회를 지향하는 과정에서 '장애'라는 말이 어울리지 않는다고 하여 성별 불쾌감으로 부르게 되었다.

성별 불쾌감에는 두 가지 패턴이 있는데 신체적 성이 남성인데 마음의 성은 여성인 사람을 'MtF(Male to Female)', 신체적 성이 여성인데 마음의 성이 남성인 사람을 'FtM(Female to Male)'이라고 부른다. 또 이런 사람들은 '트랜스젠더'라고 불리며 최근 다양한 성을 나타내는 개

성별 불쾌감의 증상

<table>
<tr>
<td>

Female to Male (FtM)

생물학적 성이 여성
성의 자기 의식이 남성

</td>
<td>

Male to Female (MtF)

생물학적 성이 남성
성의 자기 의식이 여성

</td>
</tr>
</table>

아이의 증상

- 자신을 남자라고 생각하거나 주장한다.
- 남자 복장이나 머리 모양을 하고 여자 옷에 대해 강한 저항을 보인다.
- 소꿉놀이에서 아버지 역할 등 남자 역할을 고른다.
- 남자친구를 구한다.
- 남자답는 장난감이나 게임을 아주 좋아하고 여자다운 것을 강하게 거부한다.
- 여자 성기나 유방에 혐오감을 품는다.
- 남자다운 성징을 갈구한다.

아이의 증상

- 자신을 여자라고 생각하거나 주장한다.
- 여자 복장이나 머리 모양, 화장을 한다.
- 소꿉놀이에서 엄마 역할 등 여자 역할을 고른다.
- 여자친구를 구한다.
- 여자답는 장난감이나 게임을 아주 좋아하고 남자다운 것을 강하게 거부한다.
- 남자 성기에 혐오감을 품는다.
- 여자다운 성징을 갈구한다.

청소년 · 성인의 증상

- 성적 정체성과 주위의 대우, 신체에 불일치가 있다.
- 여성스러운 몸에서 해방되기를 원한다.
- 남자가 되고 싶다, 남자로 대우받기를 원한다.

청소년 · 성인의 증상

- 성적 정체성과 주위의 대우, 신체에 불일치가 있다.
- 남성스러운 몸에서 해방되기를 원한다.
- 여자가 되고 싶다, 여자로 대우받기를 원한다.

위의 증상으로 인해 정신적인 고통을 느끼고 사회나 학교 생활에서 다양한 문제에 직면한다

성별 불쾌감을 안고 있는 사람들은 유소년기부터 마음의 성과는 반대의 성별인 신체적 성을 기준으로 옷이나 머리 모양, 역할을 요구받는다. 또 일반 사회에서도 성별에 의한 구분이 있는 화장실, 탈의실, 공중목욕탕 등은 신체적 성을 기준으로 하기 때문에 강한 고통을 느낀다.

념으로 인식되고 있는 'LGBTQ+'의 'T'에 해당하는 사람들이다.

마음과 신체의 불일치가 고통을 낳는다

　　　성별 불쾌감의 증상은 마음의 성과 신체적 성이 일치하지 않기 때문에 초래되는 것으로 유소년기에는 옷이나 놀이, 교우 관계의 모든 것에 신체적 성과는 반대인 성에 대한 동일성을 주장한다. 또 자신의 성기에 대한 혐오감도 안고 있다.

청소년기 이후는 2차 성징에 의해 신체적 성과 마음의 성의 불일치가 악화되므로 자신의 몸에서 해방되기를 바란다. 또 주위로부터 마음의 성에 맞게 대우받고 싶어 하지만 실제로는 신체적 성에 기초하여 대우하므로 큰 스트레스를 받는다. 성별 불쾌감을 가진 채로 살아가는 것이 매우 고통스럽기 때문에 기분이 우울해지고 아무것도 하고 싶지 않은 불안, 짜증과 같은 마음의 문제가 생기는 경우도 적지 않다.

최종적으로는 성별 적합 수술로 치료

　　　성별 불쾌감의 치료 방법은 정신과 영역과 신체적 치료, 2종류가 있다. 정신과 영역의 치료에서는 카운슬링으로 마음의 성에 대한 공감과 지지를 함으로써 정신적 고통을 완화시킨다. 또 직장이나 가정에서 '커밍아웃'한 경우의 시뮬레이션이나 자신에게 맞는 생활을 검토한 구체적인 이미지로 생활의 문제점을 찾아내게 한다.

신체적인 치료는 제2차 성징의 억제나 호르몬 요법으로 신체를 변화시키는 방법 외에 성기의 절제 등을 수반하는 성별 적합 수술이라는 선택지도 있다.

성별 불쾌감의 치료

정신과 영역의 치료

- 정신적 지원
- 커밍아웃의 검토
- 실생활의 검토
- 정신적 안정의 확인

정신과 영역의 치료에서는 주로 고통에 대한 정신적 지원과 마음의 성을 자신의 성별로 하여 살아가는 결단을 했을 때 어떤 영향이 있는지를 검토하고 결단을 지지한다.

신체적 치료

- 2차 성징 억제 요법
- 호르몬 요법
- 성별 적합 수술
- 유방 절제(FtM이 대상)

신체적 치료는 신체적 성을 마음의 성과 동떨어지지 않도록 하는 2차 성징 억제 요법이나 호르몬 요법, 신체적 성을 마음의 성과 일치시키기 위한 성별 적합 수술이 있다.

출처: 〈성 동일성 장애에 관한 진단과 치료 가이드라인(제4판 개정)〉 일본정신신경학회 성 동일성 장애에 관한 위원회

성별 불쾌감과 혼동하기 쉬운 것

여장 남자·남장 여자

여장이나 남장 등 이성의 옷을 착용함으로써 반복적으로 강한 성적 흥분을 구하는 페티시즘의 일종으로, 성별 불쾌감이 원인인데 이성의 옷을 착용하는 행위와는 전혀 다른 것이다.

동성애

자신의 성과 동일한 성별의 사람을 성적 요구의 대상으로 하는 것으로, 일반적으로 여성 동성애자를 '레즈비언', 남성 동성애자를 '게이'라고 부른다. 이것도 성별 불쾌감과는 다른 성적 지향이다.

공인심리사의 조언

성별 불쾌감은 반드시 병이라고는 할 수 없지만 당사자는 대단히 고통스럽다는 것을 이해하자

자신의 신체적 특징이 성별 의식과 해리되어 있다는 것을 이유로 성별 불쾌감을 느끼는 사람이 병적인 상태라고는 할 수 없다. 하지만 성별 불쾌감은 자신을 둘러싼 환경과 성별 의식과의 차이로 인해 당사자가 고통스러운 것은 분명한 사실이다. 예를 들어 학교의 교복, 화장실, 욕실 등 성별에 따라 이용 제한이 있는 것은 당사자에게 큰 문제가 된다. 하지만 다양한 성의 존재를 인정함으로써 예전에는 남성용, 여성용으로 나뉘던 화장실에 성별로 구별하지 않는 '모두의 화장실'이 설치되는 곳도 늘고 있다. 앞으로 성별의 경계가 없어지는 이러한 변화는 여러 곳에서 일어날 것이다.

07 마음의 병은 아직 많이 있다!
기타 증상·장애

심인성 통증의 발병

'신체 증상 장애(SSD)'는 신체에 병이 없는데도 불구하고 심리적인 요인으로 통증이나 구역질, 저림 등의 신체적인 증상이 장기간 계속되는 병이다. 증상은 신체의 다양한 부위에 발생하고 때로는 전신에 힘이 들어가지 않는 증상이나 경련 발작과 같은 증상이 보이는 경우도 있다.

신체의 병이 원인이 아니므로 정신과 의사에 의한 '인지 행동 요법'을 통해 인지 왜곡을 교정하는 것이 가장 효과적인 치료법이 된다.

비슷한 증상으로 무거운 병이라고 착각하거나 무거운 병에 걸릴 것 같다고 불안해 하는 '병적 불안 장애(IAD)', 팔이나 다리의 마비, 촉각·시각, 청각의 소실을 호소하는 '전환 장애(CD)' 등도 '신체 증상 장애 및 관련 장애'에 속한다.

과도한 다이어트가 원인이 되는 경우도 있다

식사와 관련된 이상한 행동이 계속되고 체형이나 체중에 대한 이상한 집착으로 인해 인지가 왜곡되는 증상을 '식사 행동 장애 및 섭식 장애'라고 한다. 섭식 장애에도 몇 가지 종류가 있는데 일반적으로 '거식증'이라 부르는 '신경성 식욕 부진증(AN)'의 경우 정상 체중 이하임에도 불구하고 체중 증가에 대한 심한 공포심을 갖고 식사량이나 칼로리 섭취를 제한하려고 한다. 반대로 '신경성 대식증, 폭식증(BN)'은 많이 먹는 것이 습관이 되어 버렸음에도 불구하고 체형이나 체

신체 증상 장애 및 관련 장애

심리적인 요인으로 다양한 만성 신체 증상이 나타난다

■ 통증
■ 구역질
■ 저림
■ 탈력감
■ 피로 등

구체적인 신체 통증이 있음에도 불구하고 신체의 병이 발견되지 않는 경우에는 신체 증상 장애를 의심한다. 병이 발견되지 않음에도 불구하고 증상이 계속되는 경우는 내과가 아니라 정신과나 심료내과에서 진찰받는 것이 좋다.

신체 증상 장애(SSD)

• 원인 불명의 신체 통증이나 위와 장의 증상 등 다양한 신체 증상이 계속된다.

병적 불안 장애(IAD)

• 자신에게 중한 병이 있다, 병에 걸릴 것 같다는 불안이 상당히 강해진다.

전환 장애(CD)

• 팔이나 다리가 마비되었다고 호소한다.
• 감각, 시각, 청각의 소실을 호소한다.

식사 행동 장애 및 섭식 장애

식사 조절을 못하고 몸과 마음에 영향을 끼친다

■ 식사량의 제한
■ 과식
■ 자가 구토
■ 설사약 사용

신경성 식욕 부진은 여성에게 많고 그 대부분이 무리한 다이어트나 체중이 느는 것에 대한 공포심에 의한 것으로 여겨진다. 신경성 폭식증은 스트레스가 원인인 경우가 많고 이것도 젊은 여성이 많이 보이는 증상이다.

신경성 식욕 부진(AN) (거식증)

• 정상 체중을 밑돌고 있음에도 불구하고 칼로리 섭취를 제한하여 체중 증가를 막거나 체중 증가에 대한 공포심을 갖는다.

신경석 폭식증(BN)

• 습관적으로 과식을 반복하고 구토나 설사약에 의한 부적절한 다이어트 행동을 한다.
• 체형이나 체중이 자기 평가에 크게 영향을 미친다.

폭식 장애(BED)

• 습관적으로 과식을 반복한다.

중을 신경 쓰기 때문에 의도적으로 구토나 설사약을 사용하여 다이어트를 시도한다. 이런 비정상적인 다이어트를 동반하지 않고 단순히 너무 많이 먹기만 하는 증상은 '폭식 장애(BED)'라고 한다.

고민하는 사람이 많은 수면 장애

'잠들기가 힘들다', '한밤중에 몇 번이나 눈이 떠진다'와 같은 수면과 관련된 다양한 문제를 통틀어 '수면·각성 장애(SWD)'라고 한다.

잠을 잘 자지 못하는 '불면증'은 극도로 잠들기가 힘들고 심신에 문제를 느끼는 '입면 장애', 한밤중에 몇 번이나 눈이 떠지는 '중도 각성', 아침 일찍 눈이 떠지는 '조조 각성', 잠이 얕아 수면 시간에 비해 숙면한 감각을 얻지 못하는 '숙면 장애' 등이 30세 전후부터 시작되어 나이가 들면서 증가하여 중년 고령이 되면 급격히 증가한다. 또 하루 종일 강한 졸음이 덮쳐 오는 '과면증/수면 과다증(HD)', 그 일종인 '기면증(Narcolepsy)'처럼 졸음에 더해 깨어 있는데도 갑자기 근력 저하가 일어나는 등 경우에 따라서 사고를 내거나 다칠 수 있는 증상도 있다.

환경 변화에 따른 스트레스가 원인

'적응 장애(AD)'는 취학이나 취직, 결혼 등으로 생활 환경이 바뀌었을 때 자신이 처한 새로운 환경에 잘 적응할 수 없다는 스트레스로 인해 우울 증상, 강한 불안감, 정서 불안정 등과 같은 정신적 질환이나 폭음, 폭식, 과음과 같은 행동의 이상, 가슴 떨림, 숨참, 가슴 압박감 등과 같은 신체적 증상이 발발하는 병이다.

집에서 휴양하거나, 직장 등의 환경 조성으로 마음을 쉬게 하는 치료 외에 심리 면접이나 인지 행동 요법에 의한 치료도 효과적이다.

수면 · 각성 장애(SWD)

심리적 요인으로 수면의 질이나 양에 문제가 생긴다

- 잠을 잘 못잔다.(입면 장애)
- 몇 번이나 깬다.
  (중도 각성/수면 유지 장애)
- 아침 일찍 깬다.(조조 각성 장애)
- 잘 잔 감각이 없다.(숙면 장애)
- 하루 종일 너무 졸리다.(수면 과다증)
- 갑자기 근력이 저하된다.(기면증)
- 잠이 덜 깬 행동(수면 수반증) 등

'불면증'(입면 장애, 중도 각성, 조조 각성, 숙면 장애)의 원인은 기분 장애나 불안 장애와 같은 정신질환 증상의 일부로 나타나는 것과 취침 전의 카페인 섭취, 운동, 흥분 등이 원인이 되는 경우가 있다. 또 '졸음병'이라 부르는 '수면 과다증'의 일종인 '기면증'은 낮 시간에 맹렬한 수마가 덮쳐 발작적으로 자기를 반복한다. 또 '정동 탈력 발작'이라는 근력이 저하되는 증상도 나타난다.

적응 장애(AD)

스트레스가 원인으로 다양한 정신적 · 신체적 증상이 나타난다

- 경증 우울
- 불면
- 불안감이 강해진다.
- 정서가 불안정해진다.
- 과잉 음주, 폭음, 폭식
- 가슴 떨림, 숨참, 가슴 압박감 등

적응 장애는 처해진 환경이나 상황에 어떤 이유로 '적응'할 수 없어서 가벼운 우울 증상이나 불안감, 정서 불안증과 같은 정신적인 증상이나 가슴 떨림, 숨참, 가슴 압박감 등과 같은 신체적 증상이 발발한다. 원인은 환경 변화로 인한 스트레스라고 여겨지는데, 예를 들면, 새로운 학교나 직장에서의 인간 관계, 결혼이나 이혼으로 인한 가정 환경의 변화가 원인이 된다. 악화되면 등교 거부나 출근 거부 등으로 발전하여 사회생활에 지장을 초래한다.

공인심리사의 **조언** │ 너무 빠른 시대 변화에
마음이 적응되지 않는 사람이 늘고 있다

　사람의 마음과 몸은 하나인 것 같으면서도 이 둘이 반드시 똑같지는 않다. '신체 증상 장애'는 마음의 문제가 신체의 문제로 나타나며 '섭식 장애'는 자신의 신체에 대한 인지가 왜곡되어 신체에 부담 주는 행동을 해버린다. 또 현시대의 환경 변화는 매우 빨라서 그에 맞춰 가는 것이 힘들다고 느끼는 사람이 늘고 있다. 예를 들어, '적응 장애'는 정신적 증상, 행동의 이상, 신체적 증상 등이 일어나고 '처해진 환경에 자신이 적합하지 않다는 것'을 나타낸다. 이런 적응의 어려움은 사회가 빠르게 변화하면서 앞으로도 더 늘어날 가능성이 있고 누구나 마음의 문제나 병을 가질 수 있다.

119

기타 증상 · 장애

동지를 만든다는 것

친구를 만들고 싶다

중학교에 들어가 '친구를 만들고 싶다'고 생각하기 시작하는 아이가 있다. 그것도 열렬히. 주위에 있는 아이들에게 차례로 '같이 놀자'고 말을 걸어 약속을 정하려고 하지만 거절당한다. 개중에는 약속에 응하는 아이가 있었지만 갑자기 취소당한다. 이런 일이 반복되지만 그래도 '친구'를 만드는 것을 포기할 수 없는 아이는 들러붙는다고 미움받는다. 소위 '적극적 기이' 타입으로 보인다.

그런 아이나 청년의 이야기를 듣고 있으면 불쌍해서 견딜 수가 없다. 친구를 원하는 것은 당연한 바람이기 때문이다.

집단에 들어가지 않는다

아이의 사회성 발달은 '혼자 놀기' 시절부터 '2, 3명의 작은 집단'을 거쳐 4, 5살이 되면 '10명에서 20명' 정도의 집단 놀이로 발전해 간다.

아이는 놀이를 공유함으로써 집단을 형성해 간다. 집단 놀이에서는 규칙을 정하는 것과 멤버로서 자기 나름의 역할을 다하는 것이 요구된다.

집단에는 구성원을 보호하는 기능도 있다. 화목을 어지럽히는 것을 막지 않으면 집단이 붕괴하기 때문이다. 예를 들어 '아무도 말을 들어주지 않는다', '모두가 싫어한다'고 한탄하는 아이는 집단에 소속되어 있지 않을 가능성이 높다고 할 수 있다.

따돌림은 심각한 문제로, 예를 들어, 30명 있는 학급에서 고립되면 1 대 29명이라는 구도가 만들어진다. 등교 거부 경향이 있는 중학생 아이가 학교가 무섭다고 말하는 이유는 혼자 고립되어 주위가 모두 적으로 여겨지기 때문이다.

친구와의 이야기와 테마

친구와의 대화도 중학생이 되면 제법 어른스러워진다. 누가 좋고 싫다는 연애 이야기나 진로 이야기, 장래의 꿈 또는 자신의 고민 등이다. 그런데 장애를 가진 아이는 '어른의 이야기'에 흥미, 관심을 갖지 못하고 자신이 좋아하는 이야기만 계속한다. 예를 들면 전철이나 애니메이션 이야기이다. 주위에서 꺼려도 그것을 깨닫지 못한다.

'친구를 만들고 싶다'는 소원을 어떻게 하면 들어줄 수 있을까? 방법이 생각이 나지 않았는데 2명의 중학생과 고등학생이 힌트를 알려 주었다. 둘 다 운동 관련 동아리에 들어 있었고 거기서 이야기 상대를 발견한 것이다. 고등학생은 동아리 친구와 노래방에도 가게 되었다. 동아리에는 목표가 있으므로 말할 주제를 공유할 수 있었던 것이다.

응원으로 동지 의식을 만든다

20살이 되는 청년은 18살 때부터 동네 축구팀의 응원 클럽에 들어갔다. 시합에서 많은 사람과 팀을 응원하면서 '동지 의식'을 가질 수 있게 된 것이다. 만화 이벤트에 감으로써 고독을 잊는 청년도 있다. 친구는 대화뿐만이 아니라 다양한 관계로부터 생겨난다고 생각한다.

동지를 만든다는 것

끝내며 마음의 병은 시대에 따라 바뀌는 측면이 있다

임상심리학에 대해 가장 알아 두었으면 하는 것은 병명이든 증상이든 치료법이든 지금 이야기하고 있는 것이 절대적인 것이 아니라는 점이다. 증상이나 병은 시대와 함께 변화해 왔고, 앞으로도 확실히 변화해 갈 것이며 옛날에 없었던 병이나 증상이 나오거나 병이 없어지는 경우도 있다. 예를 들어 옛날에는 병인지 아닌지 확실하지 않았던 자신의 성에 대한 불쾌감을 지금은 '성별 불쾌감'이라는 병으로 생각하는 사람도 있다. 그럼 '이게 정말 병일까?'라고 묻는다면 '지금의 기준으로는 병'이라고 할 것이다.

임상심리학이 대상으로 하는 사람의 심리는 나라와 문화, 자라온 환경의 영향을 받는다. 살아가다 보면 마음의 문제의 배경에 가족도 포함하여 빈곤과 같은 어려움을 안고 있는 경우도 있다. 사회 상황에 영향받는 것도 당연하다. 한 명의 인간이 살아온 생의 실태를 이해하려고 하면 다양한 측면에 대해 눈을 돌릴 필요가 있다.

상담을 할 때는 폭넓은 시야가 필요하다. 다양한 각도에서 상대의 현 상태를 이해해야 한다. 또 그 사람의 상황을 이해했다고 해도 환경의 변화가 일어나기도 해서 이해한 것이 뒤집어지는 경우도 있다.

예를 들어 외국인이 클라이언트인 경우를 생각할 수 있다. 외국인끼리의, 특히 서구의 의사소통은 '알아차린다'나 '왠지 알 것 같다'와 같은 애매함이 있는 일본과는 달리 납득이 갈 때까지 의견과 의견을 서로 부딪치는 방식을 취한다. 완전히 다른 하느님과 부처님이 하나가 되어 버리는 애매함을 허용하는 일본의 문화와 하느님은 유일무이한 존재라고 믿는 사람이 많은 서구 문화에서는 사람과 사람의 관계에 대한 개념도 전혀 다른 부분이 있다. 그런 의미에서 일본 사람이 갖고 있는 특성이나 특징은 외국인을 기준으로 생각한 것에는 들어맞지 않는 부분이 있다고 생각하는 것이 자연스럽다.

실제로 현재 임상심리학을 바탕으로 한 공인심리사의 지식만으로는 적절한 대처법을 찾지 못하는 경우도 있다. 클라이언트의 이해와 동의를 얻을 수 없는 경우도 있을 것이다. 그럴 때는 자신의 지식이나 생각을 다시 살펴볼 필요가 있다. 이런 재검토가 사람에 대한 이해를 깊게 하고 새로운 발견으로 이어지는 경우도 적지 않다.

임상에서는 거기에 살고 있는 사람들의 감각이나 문화 같은 요소를 잘 생각해야 하기 때문에 '매뉴얼에는 이렇게 쓰여 있었다', '이게 올바른 치료법이다'와 같은 단순한 이야기는 통하지 않는다. 그런 의미에서 임상심리학이라는 학문은 성립하지만 일종의 대립 개념으로 각 나라별로 임상심리학이 필요하다고 생각한다. 앞으로는 일본에서 정말 도움이 되는 임상심리학을 만들어 가야 하며 그런 일은 젊은 세대에게 기대하고 싶다.

2017년에 '공인심리사'라는 자격이 생겼지만 기대한 것에 비해 현재 상황은 아직이라는 느낌을 받는다. 공인심리사로 경험을 쌓아 올리면서 효과를 올리는 전문가가 되기 위한 노력이 더욱 필요할 것이다.

사람의 마음은 반드시 바뀐다!

마음의 병의 대전제로 알아 두어야 할 것은 사람의 마음은 변해 간다는 것이다. 당연한 이야기이겠지만 마음이 바뀌어 간다는 것은 그 대처도 바뀌어야 한다는 것이다. 상대를 구속해 버리는 측면이 있으므로 '사람의 마음은 이렇다'고 결정지어 버리는 것은 매우 위험하며 고정 관념에 사로잡히지 않는 것이 중요하다. 공인심리사로서의 일은 지금 있는 것을 그대로 이어 가는 것이 아니라 무엇이 바뀌고 교과서와 무엇이 달라지는지를 항상 생각하는 것이다. 사람의 마음은 반드시 바뀌어 간다, 그것이 사람이므로, 이 사실에 민감해야 한다. 여기에 둔감하면 공인심리사로서 잘해

나갈 수 없다고 생각한다.

본래 마음은 움직이는 것이기 때문에 여러 상황이나 환경에 유연하게 적응할 수 있는 것이다. 액체처럼 유연하게 변화하는 마음은 건강한 마음이고 고체처럼 딱딱하게 굳어 버리면 마음의 병이라고 할 수 있다. 실제로 환자와 접하면서 느낀 것은 환자의 마음이 마치 콘크리트 같다는 인상을 받는다는 것이다. 좀처럼 자신의 문제를 알아차리지 못하고 알아차릴 만한 계기도 찾기 힘들다. 이를 알려주기 위해 이야기를 잘 듣고 '기본적으로 이렇게 생각하고 있네요', '이야기를 들으면서 나는 이렇게 생각했다' 등과 같이 말한다. 그것은 환자가 말한 것이 맞다 틀렸다 등의 테스트 같은 이야기가 아니라 '상대로부터 그렇게 보인다'는 것을 알아차리게 하기 위한 것이다. 그것을 알아차릴 수 있는 계기가 만들어지면 대부분의 경우 자연스럽게 자신의 마음 상태를 깨닫고 거기서부터 뭔가가 시작된다.

상대를 이해하는 것이 중요하다.

공인심리사를 목표로 한다면 '상대를 이해하려고 해야 한다'는 것도 알아 두었으면 하는 것 중 하나이다. '환자를 어떻게 하면 이해할 수 있을까?'는 공인심리사에게 있어 매우 중요하다. 마음의 문제를 안고 있는 사람은

마음의 병은 스테이에 따라 바꾸는 측면이 있다

자신의 이야기를 들어주는 사람이 한 사람이라도 있으면 그것만으로도 마음이 든든해진다. 그러므로 우리 공인심리사는 그 한 사람이 되어야 하며 상대를 이해하려고 하는 대전제 아래에서 상대에게 관심을 갖고 이야기를 들어야 한다. 물론 '타인을 완전히 이해하라'고 말하는 것은 아니다. 그런 일은 할 수 없지만 이해하려는 마음가짐을 갖고 노력해야 한다는 것이다. 우리의 일은 이해하기 위해 항상 노력해야 하며 그를 위해 어떤 방법이 있는지는 사람에 따라 다르므로 항상 생각해야 한다.

자신의 마음을 자신은 정확히 판단할 수 없기 때문에 주위 사람들과 이야기하는 것이 중요하다. '자신이 주위로부터 이렇게 보이고 있구나'를 아는 것이 판단 근거가 된다. 그런 상담 상대가 100명 있는 편이 행복한지, 한 명이라도 있는 것이 행복한지는 사람마다 각각 다르다. 하지만 적어도 상담 상대가 되는 사람은 갖고 있어야 한다. 미국 사람은 '친구로 변호사 한 명은 있는 편이 좋다', '카운슬러 한 명은 있는 편이 좋다' 등과 같은 이야기를 하지만 그런 개념의 좋고 나쁨은 별도로 하고 제대로 상담할 수 있는 신뢰할 만한 사람이 적어도 한 명은 있는 편이 좋다고 생각한다.

만일 가족이나 친구에게 마음의 문제에 대해 상담받은 경우 자신이 그 한 사람으로 선택받았다고 생각하고 진지하게 이야기를 들어주자. 단 착각하면 안 되는 것은 상담받은 것에 대해 뭔가 대답해야 한다고 생각하는 것이다. 그러면 문제가 잘 해결되지 않는다. 어릴 때부터 '상담에는 제대로 응대하라.'라고 교육받지만 바로 대답을 찾아내는 것이 아니라 상대의 이야기를 잘 듣고 이해하고 시간을 들여 천천히 찾아간다는 생각으로 들어 주는 것이 좋다.

마지막으로 이 책에는 각 장애에 대해 공인심리사로서의 관점을 소개하고 있다. 혹시 공인심리사에 관심을 가지고 있는 사람이 있다면 기본적인 것은 이 책에서 배울 수 있으므로 열심히 공부해서 훌륭한 공인심리사가 되기를 바란다.

공인심리사·언어청각사
유쿠미 에이시

잠 못들 정도로 재미있는 이야기
임상심리학

2024. 9. 4. 초 판 1쇄 인쇄
2024. 9. 11. 초 판 1쇄 발행

감수 | 유쿠미 에이시
옮긴이 | 이영란
펴낸이 | 이종춘
펴낸곳 | BM (주)도서출판 **성안당**
주소 | 04032 서울시 마포구 양화로 127 첨단빌딩 3층(출판기획 R&D 센터)
| 10881 경기도 파주시 문발로 112 파주 출판 문화도시(제작 및 물류)
전화 | 02) 3142-0036
| 031) 950-6300
팩스 | 031) 955-0510
등록 | 1973. 2. 1. 제406-2005-000046호
출판사 홈페이지 | www.cyber.co.kr
ISBN | 978-89-315-8627-5 (04080)
| 978-89-315-8889-7 (세트)
정가 | 9,800원

이 책을 만든 사람들
책임 | 최옥현
진행 | 김해영, 김지민
교정·교열 | 장윤정
본문 디자인 | 김인환
표지 디자인 | 박원석
홍보 | 김계향, 임진성, 김주승, 최정민
국제부 | 이선민, 조혜란
마케팅 | 구본철, 차정욱, 오영일, 나진호, 강호묵
마케팅 지원 | 장상범
제작 | 김유석

이 책의 어느 부분도 저작권자나 BM (주)도서출판 **성안당** 발행인의 승인 문서 없이 일부 또는 전부를 사진 복사나
디스크 복사 및 기타 정보 재생 시스템을 비롯하여 현재 알려지거나 향후 발명될 어떤 전기적, 기계적 또는
다른 수단을 통해 복사하거나 재생하거나 이용할 수 없음.

"NEMURENAKUNARUHODO OMOSHIROI ZUKAI RINSHOSHINRIGAKU"
supervised by Eishi Yukumi
Copyright © NIHONBUNGEISHA 2023

All rights reserved.
First published in Japan by NIHONBUNGEISHA Co., Ltd., Tokyo
This Korean edition is published by arrangement with NIHONBUNGEISHA Co., Ltd.,
Tokyo in care of Tuttle-Mori Agency, Inc., Tokyo, through Duran Kim Agency, Seoul.

Korean translation copyright © 2024 by Sung An Dang, Inc.

이 책의 한국어판 출판권은 듀란킴 에이전시를 통해 저작권자와
독점 계약한 BM (주)도서출판 **성안당**에 있습니다. 저작권법에 의하여
한국 내에서 보호를 받는 저작물이므로 무단전재와 무단복제를 금합니다.